Le Petit Livre du Taureau

Marie Lombard

FIRST Editions

ISBN: 978-2-7540-6063-9
Dépôt légal: novembre 2014
Imprimé en Italie

Direction éditoriale: Marie-Anne Jost-Kotik
Édition: Laury-Anne Frut et Élodie Le Joubioux-Miossec
Correction: Élodie Le Joubioux-Miossec
Mise en page: Olivier Frenot

Éditions First, un département d'Édi8
12, avenue d'Italie
75013 Paris – France
Tél.: 01 44 16 09 00
Fax: 01 44 16 09 01
E-mail: firstinfo@efirst.com

Site internet: www.editionsfirst.fr

Sommaire

LE SIGNE DU TAUREAU

Second signe⊛[1] du zodiaque⊛, le Taureau représente le « moi » dans sa croissance et son développement. C'est également le premier signe de Terre⊛, celui de la terre fertile. D'où l'importance qu'il accorde aux choses matérielles : la sensualité, le confort, l'enracinement dans le concret. Gouverné par Vénus⊛, la planète de l'amour, c'est un amoureux de la vie, des plaisirs et de la beauté, de tout ce qui est « physique » ; il est extrêmement attentif à l'harmonie des choses (des sens, des idées, des sentiments). D'où un aspect souvent nonchalant et paisible, une douceur apparente qui masquent cependant des réactions intérieures intenses.

---

1 Les termes suivis de ce symbole sont définis dans « Le petit dico de l'astro ».

♉

SES BASIQUES

Graphisme : ♉

Saison® : printemps

Élément® : Terre

Période : 21 avril – 20 mai

Genre : féminin

Comportement : fixe®

Planète + : Vénus (affectivité, volupté, convivialité). Goût pour le confort, le décorum, le savoir-vivre ; fascination pour la campagne, l'argent, les plaisirs de la table (bonnes bouffes, convivialité), l'écologie…

Planète - : Pluton® (répulsion, ascèse, insensibilité). Peur des remises en question, des changements (traditions, habitudes, modes de vie…), de manquer (affection, argent…), des sarcasmes, du métro, des tunnels, des parkings souterrains…

Qualités : sensuel, sentimental, affectueux, casanier, prudent, accrocheur.

Défauts : égoïste, vaniteux, possessif, collant, entêté, obsessionnel, jaloux, envieux, hyper susceptible.

Psychopathologie[2] : personnalité passive-agressive.

Déviances : sabotage, détournements de fonds, délit de fuite, boulimie, délire de jalousie, alcoolisme, accidents de la route, suicide…

Maladies[3] : embolie pulmonaire, maladie des reins-vessie, tuberculose, cancer de l'estomac…

FIGURES DU MAL

Maléfique, le Taureau est un expert du meurtre rituel longuement concocté. Cela va de la persécution (Catherine de Médicis), au génocide (Hitler, Pol Pot) en passant par la terreur (Robespierre, Saddam Hussein). Ou au massacre de masse par exemple Adam Lanza, auteur de la tuerie de Newtown en 2012, H. H. Holmes le premier tueur en série américain (deux cents à trois cents victimes) ou Jim Jones (neuf cent huit victimes), fondateur du « Temple du peuple », à Jonestown (Guyana), en 1978. Ou encore au cannibalisme, par exemple Jeffrey Dahmer, « le cannibale de Milwaukee » (dix-sept victimes), Albert Fish, « l'Ogre de Wysteria » (de seize à plus de cent victimes) ou encore Amin Dada, le dictateur fou de l'Ouganda.

---

2 Société américaine de psychiatrie, « Troubles de la personnalité » dans *Manuel diagnostique et statistique des troubles mentaux, DSM-IV*, Masson, 1994.
3 Statistiques IMWA/Université de Munich dans Gunter Sachs, *Le Dossier astrologie. La preuve scientifique qu'il existe un lien mesurable entre les signes du zodiaque et le comportement humain*, Michel Lafon, 2000.

SA SYMBOLIQUE

Dans la plupart des traditions, le taureau a souvent été assimilé à une puissance anarchique. Indompté, il représentait le déchaînement des passions animales : il était susceptible de toutes les violences aveugles. Ses lignes denses, ses formes massives et sa force brutale figuraient le triomphe des instincts. Le sacrifice du taureau, celui du Veau d'or (le Taureau dominé par ses appétits matériels) ou du Minotaure (le Taureau dominé par ses sens), par exemple, avait valeur de rire initiatique. Il symbolise la maîtrise de l'humain sur l'animal en soi, de l'esprit sur la chair. C'est la signification de la légende du Minotaure comme celle du Veau d'or. Dans la Bible, le Veau d'or est l'idole de la richesse, la divinisation des désirs matériels, des plaisirs et du pouvoir des sens. Sa destruction manifeste une victoire de l'humanité sur l'animalité et témoigne d'un combat permanent entre l'esprit et la matière.

Second signe du printemps, le Taureau devient ainsi, au prix de ce sacrifice, de ce combat, le symbole de la force créatrice, l'incarnation d'une énergie vitale. Maîtrisée, sa puissance est fécondante, génératrice d'ordre et de paix, épanouissement du corps et de l'âme.

LE TAUREAU DANS LA MYTHOLOGIE

Il était une fois une très belle jeune fille qui s'appelait Europe. Elle était si charmante que Zeus (Jupiter) s'éprit d'elle. Pour l'enlever à ses compagnes de jeu, il eut l'idée de se métamorphoser en un grand taureau blanc. De leur étreinte naquirent trois fils : Minos, Rhadamanthe et Sarpédon. Astérios, roi de Crète, épousa Europe, adopta les trois bambins et fit de Minos, l'aîné, son héritier. Le nom d'Europe fut ainsi donné à notre continent et le taureau immortalisé au rang de constellation.

La mort d'Astérios ouvre une querelle entre les trois frères pour la succession du trône. Pour faire valoir ses droits, Minos réclame alors à Neptune, le dieu de la mer, une preuve tangible de son soutien. Le dieu s'y prête de bonne grâce en faisant sortir des flots un superbe taureau. À une condition cependant, car les dieux ne donnent jamais rien pour rien. Après son accession au trône, Minos doit immoler le taureau en l'honneur du dieu. Le nouveau roi s'empresse d'oublier ce marché. La bête est trop belle pour qu'il la sacrifie à Neptune ; il se l'approprie.

Minos avait épousé Pasiphaé, fille du dieu soleil Hélios. Il en avait eu quelques enfants, dont une fille Ariane. Pour assouvir son désir de vengeance, Neptune inspire à Pasiphaé une passion contre-nature : la reine tombe amoureuse de l'animal. Un amour qui n'a rien de très platonique. Pasiphaé se fait construire par Dédale une vache de bois dans laquelle elle s'enferme. Sous cette forme, elle se fait monter par le taureau, abusé par le simulacre. De cette union entre la belle et la bête, naît un monstre au corps d'homme et à la tête de taureau. On l'appela « Minotaure », le taureau de Minos. Pour se débarrasser de son encombrant bâtard, le roi demanda à Dédale de creuser un labyrinthe (à Cnossos) où il fut enfermé et nourri, durant de nombreuses années, de jeunes vierges fournies en tribut par Athènes jusqu'à ce que Thésée, aidé par Ariane, la fille de Minos, entre dans le labyrinthe et le tue.

♉

SA PLANÈTE : VÉNUS

Le signe du Taureau est traditionnellement associé à la planète Vénus, Aphrodite chez les Grecs. Déesse de l'amour et de la beauté, Aphrodite est la fille d'Ouranos (le Ciel) et de l'écume de la mer. Elle fait partie des douze grands Olympiens. Pour les Grecs, elle représentait le pouvoir sexuel féminin (une force plutôt maléfique qui rend les dieux et les hommes idiots et dépendants). Ils la considéraient comme une femme frivole (seulement soucieuse de plaire, de séduire), souvent cruelle et parfois ridicule. En revanche, chez les Romains, son homologue Vénus est une déesse (de l'amour et de la beauté) nettement plus douce et lénifiante.

Le signe est aussi lié à la Lune Noire®. Avec Vénus, le Taureau est plénitude des sens, affectivité envahissante, griserie des sentiments, des émotions, des sensations. Avec Vénus, il a soif de vivre, il aspire au bonheur. Avec

Vénus, il est gourmet et gourmand. Les plaisirs de la table le disputent à ceux du sexe, les plaisirs de la peau à ceux de l'œil. Mais si Vénus est la grâce, la Lune Noire est la pesanteur.
Avec la Lune Noire, le Taureau est inhibition, retenue de la tendresse, parcimonie des caresses : silence des passions. Avec la Lune Noire, il est susceptible, chatouilleux de l'amour-propre. Avec la Lune Noire, il est réfléchi, formaliste, contemplatif. Avec Vénus, le désir l'emporte sur les besoins. Avec la Lune Noire, les besoins triomphent des désirs, la réalité du plaisir. Car la Lune Noire est refoulement des pulsions, étouffement des instincts, interdit des émotions. Avec Vénus, le Taureau est une fête ; avec la Lune Noire, c'est un rituel.
Entre Vénus et la Lune Noire, le Taureau a ainsi une nature tour à tour explosive et policée, c'est un personnage alternativement bon vivant et cérémonieux. Vénus lui inspire la bienveillance, le sens du décorum : tout un art de bien vivre en bonne société. La Lune Noire, en revanche, le tient sur son quant-à-soi. Il en oublie d'être communicatif, chaleureux : sa participation se réduit au nécessaire.

♉

LA MAISON DU TAUREAU

Le Taureau est représenté par la Maison⊛ II, la Maison des biens propres. Dans un thème astrologique, la Maison II est l'espace de la matérialisation des valeurs individuelles de l'ascendant⊛. Si la Maison I symbolise le moi, le corps, la Maison II symbolise les besoins. Manger, boire, dormir... à ce niveau, les besoins sont les mêmes pour tout le monde, nécessaires à la survie du corps. Aussi la Maison II décrit moins les besoins pour ce qu'ils sont que les moyens propres à chacun pour les satisfaire. Ces moyens sont de deux sortes. D'une part, les biens dont nous avons jouissance dès notre naissance. Toute notre enfance, la satisfaction des besoins dépendra de l'importance et de la qualité de nos ressources. D'autre part, les biens que nous pouvons acquérir en usant de nos propres capacités, de nos propres compétences. Dans notre contexte économique, ces deux sortes de moyens se résument sous un seul titre : l'argent. Avec la Maison II, le Taureau est ainsi à la fois conservateur et productif, généreux sans prodigalité. Il est avant tout un créateur de richesses même quand la fortune ne lui sourit pas. Mais, en général, il obtient toujours ce qu'il veut, à condition de le vouloir vraiment.

LE MOI TAUREAU

Le Taureau est sans doute le signe du zodiaque le plus réfléchi : il ne s'engage jamais à la légère, pèse toujours le pour et le contre avant de se décider. Cette lenteur le dessert parfois parce qu'il rate des opportunités favorables (il ne saisit pas sa chance, il est désarmé devant des situations d'urgence, etc.), mais, dans l'ensemble, c'est plutôt bien. Il est aussi souvent spontanément hostile (il peut se braquer, se fermer) à tout ce qui vient bousculer ses habitudes, son confort, son programme. Les petits changements l'horripilent, les grands le paniquent un peu. À l'extrême, ça vire à l'obsessionnel (il s'obstine dans l'erreur, nourrit des idées fixes, porte des œillères, etc.).

SON CARACTÈRE

Au quotidien, le Taureau n'est ni un lambin ni un mollasson, même s'il donne parfois l'impression d'un certain retard à l'allumage. La persistance de ses comportements l'oblige en réalité à réfléchir plutôt deux fois qu'une avant d'agir. Il est peut être long à prendre des habitudes mais, ensuite, elles dureraient facilement toute une vie. Bref, il ne s'engage jamais à la légère, envisage toutes les éventualités, il rumine un certain temps avant de prendre ses décisions. Dans l'ensemble, il évite ainsi les conséquences de trop de précipitation. Manquant d'esprit de répartie, de sens de l'à-propos, il esquive naturellement les situations sociales ou professionnelles où ces qualités sont nécessaires. Il préfère les activités où l'improvisation est réduite à sa plus simple expression : les travaux de routine et les tâches répétitives ne le rebutent pas. Car il excelle, en revanche, dans toutes les activités où les rôles, les objectifs sont définis, les techniques éprouvées.

Conservateur, il est, *a priori*, réfractaire à toutes les innovations de mœurs et de méthodes. Il est plus ou moins hostile à tout ce qui peut venir bousculer ses habitudes, son confort, son programme. Un « tiens » valant mieux que deux « tu l'auras », il a tendance à investir dans les valeurs stables, à user de moyens qui ont fait leurs preuves ; l'obstination, même si elle vire parfois à l'idée fixe, lui semble souvent préférable à l'innovation.

Goût de la tradition, besoin de sécurité, il ne se sent vraiment à son aise qu'à condition de ne pas être en situation de risque. Il s'épanouit, en revanche, dans des décors familiers, avec des interlocuteurs de confiance.

SON ENFANCE

Enfant, le Taureau est plus ou moins méditatif, calme dans l'ensemble, même s'il voit parfois rouge et pique des colères mémorables. D'une nature sensible, même s'il n'extériorise pas facilement ses sentiments, il a besoin d'être câliné, de baigner dans une atmosphère affectueuse. Gourmand de tous les plaisirs, il réclame beaucoup d'amour, d'attentions tendres. Il a besoin de sécurité, de certitudes, d'évoluer dans un univers moral stable, dans un monde d'habitudes. Ses joies et ses chagrins sont sans réserve. Ses plaisirs et ses peines sont absolus ; il a des difficultés pour les partager. Ses sentiments sont entiers ; il est aussi jaloux de ses privilèges que des faveurs qu'il accorde. D'une intelligence profonde, il est plutôt réfléchi, assez raisonnable. Il a toujours besoin d'un certain temps pour assimiler les notions nouvelles, les données d'un problème. Physiquement ou intellectuellement, il déteste être bousculé. Têtu, il a parfois des œillères, il ne veut rien comprendre. Il veut en réalité faire ses preuves, tirer ses propres leçons de la réalité, de ses succès ou de ses erreurs.

À QUOI CARBURE-T-IL ?

SA VALEUR DOMINANTE : LA LOI

Il manifeste parfois des réticences pour s'engager (peu de spontanéité), mais après c'est du sûr, de l'inébranlable. Il est aussi tenace que patient. Pour lui, une décision, une promesse (faite à lui-même ou aux autres), c'est sacré. Pas question de ne pas les tenir, de changer d'avis, de cap ou de direction. Il est, par exemple, d'une ponctualité parfaite.

SA FORCE

L'inébranlable fermeté de ses décisions. Quand il s'est fixé un objectif, rien ne peut l'en détourner. Ni les difficultés pratiques (il trouve les moyens), ni les imprévus (des incidents de parcours), ni le manque de soutien, voire l'opposition des autres (il assume ses responsabilités).

SA FAIBLESSE

En restant fidèle à sa première décision envers et contre tout, il en devient parfois l'esclave. Il n'ose pas changer ses plans (alors que ce serait plus réaliste, plus profitable) sans se sentir inconsciemment coupable et menacé.

COMMENT LE PRENDRE

En apparence, c'est souvent un calme (presque aussi placide qu'une Limousine), mais sous la surface s'agitent des courants violents. Il se contient beaucoup (il ne réagit jamais sur le coup), il a tendance à accumuler (ressentiments, frustrations, colères...) et il arrive toujours un moment où il ne peut plus rien supporter. Donc, il faut faire de la prévention : l'encourager à exprimer ses problèmes, ses sentiments. L'aider à dépassionner (situations, événement...) et à dédramatiser (c'est quelqu'un qui prend tout au sérieux) par l'humour.

QUELLE CHANCE A-T-IL ?

Le Taureau jouit d'un très bon capital chance. Mais il rate parfois le coche ou la bonne aubaine par manque de réflexe. Il réfléchit souvent trop (par peur de se tromper,

de se faire avoir) et après c'est trop tard. Comment peut-il attraper la chance plus souvent? En étant plus spontané. Et en s'adaptant avec bonne humeur au lieu de se plaindre si les choses ne tournent pas comme il l'avait espéré.
La chance du Taureau est particulièrement tangible dans le domaine financier, de l'argent gagné et des biens matériels. C'est généralement un signe d'aisance et de prospérité. C'est aussi un bon présage pour la profession, la carrière et la réussite sociale des enfants.

SES ANNÉES CLEFS

Dans la vie, il y a des hauts et des bas, des moments charnières, des périodes clefs à ne pas rater. Quel avenir pour le Taureau? Voilà un aperçu (non exhaustif) de ses possibilités.

2014

Elle fait mal, cette opposition de Saturne®. Revers de fortune, restrictions, frustrations… Rien ne se fait en temps et en heure, les projets sont gelés, les attentes déçues. Pas de doute, d'une manière ou d'une autre, le Taureau va devoir se serrer la ceinture. La bonne attitude:

s'adapter au lieu de rechigner, changer ses plans au lieu de s'entêter, prendre chaque problème comme une opportunité au lieu de rester bloqué sur ses positions. Mais le 23 décembre, c'est fini ! Tout redevient plus léger. Moins de contraintes et de restrictions (familiales, professionnelles, financières…). Et plus de petits et grands plaisirs, de liberté de mouvement, de possibilités d'expansion, de sentiments de bien-être. Les projets gelés ou retardés refont surface.

2017

Séparation, excès de vitesse, licenciement abusif, litige… Il y a des risques de bisbille avec la loi (double opposition® de Jupiter® à partir du 11 octobre et carré® de la Tête du Dragon®). Rien de dramatique la plupart du temps (trigone® de Jupiter qui fluidifie), sauf que c'est toujours pénible pour le moral et le porte-monnaie (les avocats et les amendes coûtent cher). Bref, une année où il est au pied du mur (amour, travail), obligé de faire des choix importants (et douloureux s'il laisse pourrir). Mieux vaut prendre les devants plutôt que d'attendre d'y être contraint par les événements (et les autres).

2018

Petite excursion d'Uranus® dans le signe entre la mi-mai et le début novembre (il ne s' « installe » durablement dans le signe qu'en 2019). L'événement est rare : ça n'arrive qu'une fois tous les quatre-vingt-quatre ans. C'est l'occasion de faire preuve d'un bel esprit d'indépendance et de se singulariser (nouveau look original, projet ambitieux, passion exigeante…) ou de rompre avec de vieilles habitudes. Dès ce moment, son existence sera sans doute plus chahutée (pendant sept ans), mais nettement plus palpitante.

2026

Son existence reprend un cours plus stable (sortie d'Uranus du signe le 25 avril). C'est le moment de remettre sa vie à plat (Je veux quoi, avec qui, comment… ?) et d'agir en conséquence. Quitte à en finir avec ses mauvaises petites habitudes.

2028

Une grande remise à plat possible avec le passage de Saturne dans le signe (du 14 avril 2028 au 1er juin 2030). Pas de doute : il a maintenant suffisamment d'expérience pour savoir quel genre de vie il doit mener (où ? comment ? avec qui ?). Si ce n'est pas le cas, s'il ne sait toujours ce qu'il veut (supporter ou pas), c'est le moment de prendre du recul et de faire un bilan complet (et sérieux) de son existence.

2029

Pénible, cette opposition de Jupiter (du 25 septembre 2029 au 22 octobre 2030). Il peut faire du gras comme la grenouille qui voulait devenir bœuf (La Fontaine) pour exister: par simple vanité ou pour compenser un manque affectif. Ou des excès (alcool, pétards, achats compulsifs…). C'est usant (moralement et physiquement) si ça dure trop longtemps. Autre danger: mal placer son argent. À éviter absolument: les investissements à risque ou prêter sans garantie.

2031

Rencontrer l'âme sœur, décrocher le gros lot, faire fortune… Tout devient à nouveau hyper facile (passage de la Queue du Dragon® dans le signe du 15 avril 2031 jusqu'au 1er novembre 2032). C'est le moment de jouer les cagnottes du Loto ou d'obtenir un job en or simplement en le demandant. Les autres n'osent pas (ils ne se sentent pas à la hauteur), lui, il ne voit pas l'obstacle. Du coup, succès.

2038

Passage de Neptune dans le signe (le 22 mai). Ça n'arrive qu'une fois tous les cent-soixante-quatre ans, ça dure quatorze ans et ça peut lui changer la vie du tout au tout. D'une manière générale, il est temps pour lui de se fixer durablement, de trouver ses racines malgré des difficultés initiales et des remises en question (Lune Noire dans le signe du 4 juillet au 29 mars 2039). C'est le moment de prendre du recul et de faire un bilan complet (et sérieux) de son existence. Le moment aussi des grandes réalisations : engagement pour une cause (sociale, religieuse, humanitaire...), au service des autres.

♉

LE TAUREAU AU TIBET

Dans l'astrologie tibétaine, les douze signes du zodiaque sont associés aux douze *nidānas* qui forment la chaîne des causes et des conséquences, responsable du cycle infini des naissances et des morts et de la réincarnation.

LE ZODIAQUE TIBÉTAIN

Ces douze causes sont dans l'ordre, chaque *nidāna* (ou chaque signe) entraînant le suivant :

- Bélier®: l'ignorance *(avidyā)*
- Taureau : les constructions mentales (*samskāra*)
- Gémeaux®: la conscience discriminante (*vijñāna*)
- Cancer®: le nom et la forme (*nāma-rūpa*)
- Lion®: les six sens (*sadāyatana*)

- Vierge®: le contact (*sparśa*)
- Balance®: la sensation (*vedanā*)
- Scorpion®: le désir (*trsna*)
- Sagittaire®: l'attachement (*upādāna*)
- Capricorne®: le devenir (*bhava*)
- Verseau®: la naissance (*jāti*)
- Poissons®: la vieillesse et la mort (*Jarā-marana*).

LA « PERFECTION » DU SIGNE

Pour atteindre le *nirvāna* (littéralement « l'autre rive), rompre la chaîne des réincarnations ou avoir une réincarnation idéale, c'est-à-dire exempte des huit servitudes que sont les tourments des plaisirs, de la guerre, de l'esclavage salarié ou pas, de la faim, de la soif, de la chaleur, du froid, des idéologies, il faut avant tout faire cesser l'ignorance. Ce qui a pour conséquence la disparition du second terme qui entraîne la cessation du troisième, et ainsi de suite jusqu'à la disparition du dernier: la douleur sous toutes ses formes. Pour en finir avec l'ignorance, on ne peut compter que sur ses efforts personnels, mais chaque signe peut y parvenir en suivant sa propre voie, celle qui lui est donnée par son *pāramitā* (littéralement « perfection »).

LE DESTIN DU TAUREAU

Nidāna : *samskāra*, les activités psychiques. Ce sont les tendances ou les dispositions acquises par nos actes, nos propos, nos pensées, notamment la concentration mentale, la réflexion, le raisonnement, la fixation dans l'esprit, l'intention et la volition. Ce sont elles qui nous donnent des aptitudes et des habitudes.

Pāramitā : *dāna*, la perfection du don, la générosité. C'est l'affectivité bien connue du signe, son goût pour la convivialité, le savoir-vivre, sa prédilection pour l'argent, les plaisirs de la table et de l'amour, le confort, la volupté. Et sa peur des remises en question, des changements, de manquer.

BON KARMA : RAYONNER

Il agit au lieu de réagir, il prend des initiatives et il règle les problèmes au lieu de les capitaliser. Il s'exprime en parlant, en bougeant et en créant au lieu de refouler (mutisme, inhibition) et il fait preuve de bonne volonté quand il doit faire comme tout le monde des choses qu'il n'a pas envie de faire. Bref, il réussit à combiner principe de plaisir, le côté vénusien de son signe, et principe de réalité. Sur le plan affectif, il se montre moins possessif parce qu'à la fois plus sûr de sa séduction et plus indépendant.

MAUVAIS KARMA : RUMINER

Sa passivité prend le dessus. Il « procrastine » en remettant au lendemain ce qui doit être fait et il boude ou il ergote quand on lui demande de faire des choses qui l'embêtent. Il passe sa vie à traîner des pieds, à se défiler en prétextant avoir « oublié » et à se plaindre que les autres ont à son égard des exigences insensées. Forcément, il horripile tout le monde : non seulement il ne fait pas sa part du boulot, mais en plus il « crise » quand on lui demande de faire un effort. Et il accumule frustrations, ressentiments et rancunes en ruminant ses envies, ses idées fixes ou ses obsessions.

♉

SA VIE D'AVANT, SA VIE D'APRÈS

Il était qui avant cette vie ? Il est qui après ? Pour les hindous, tout dépend de Rahu et Ketu (prononcer : « Rahou » et « Ketou »), la Tête et la Queue du Dragon, deux points astronomiques (à l'intersection de l'orbite lunaire et terrestre) à lent déplacement (ils ne reviennent que tous les dix-sept ans environ dans un signe).

Le signe où est Ketu, la « queue », dans le ciel natal, c'est le chemin de la facilité et parfois la pente sur laquelle on peut dégringoler : inconsciemment, on reproduit les comportements de notre vie passée, mais comme ils ne sont pas adaptés à notre vie actuelle, on rate tout. Rahu, la « tête », c'est en revanche, tout ce qu'on doit affronter, en général ce qui nous est le plus pénible ou qu'on déteste, pour avancer dans le bon sens, vers le haut de l'évolution.

RAHU EN BÉLIER ET KETU EN BALANCE

19 juin 1930 – 6 janvier 1932, 29 janvier 1949 – 17 août 1950, 10 septembre 1967 – 29 mars 1969, 22 avril 1986 – 8 novembre 1987, 1er décembre 2004 – 20 juin 2006, 13 juillet 2023 – 29 janvier 2025, 22 février 2042 – 10 septembre 2043…

SA VIE ANTÉRIEURE

C'était un libertin, souvent un bourreau des cœurs et, plus rarement, une nympho. Il ne rêvait que de se caser, d'âme sœur (il recherchait l'union parfaite), de mariage (il en avait sans doute plusieurs à son actif), mais il ne pouvait pas s'empêcher d' « allumer » (les femmes, les hommes, les bébés, les chiens…). Il avait sans cesse besoin de séduire : pour le plaisir (libertin), mais aussi pour se rassurer dans une masculinité ou une féminité dont il n'était pas très certain.

Dans cette vie-là…

Ses tentations: profiter des atouts que lui a donnés la nature (seins, fesses, yeux, sourire…) au lieu d'utiliser sa tête et passer son temps à tomber amoureux ou être incapable de dire « non », dès qu'un garçon est mignon ou une fille trop craquante. Et, au lieu de se construire socialement et professionnellement, devenir dépendant au nom de l'amour et s'écraser (opinions, goût, intérêts personnels) parce qu'il craint plus que tout la solitude.
Ce qu'il doit faire: ne pas chercher à tout prix à plaire et à être aimé. Ni sacrifier son indépendance à un autre (en imaginant qu'il est la solution magique à tous ses problèmes), ni courir d'un partenaire à l'autre en se disant chaque fois que le suivant est le bon. Il doit apprendre à s'assumer tout seul, à être autonome matériellement et affectivement, sans avoir peur de la solitude.

Sa prochaine vie

C'est un aventurier, un guerrier. Un homme (plus rarement une femme) d'action et de décision (il tranche dans le vif). Il est le bras armé de la loi et de la justice, mais parfois aussi du chaos et de l'injustice: flic, Casque bleu, GI, terroriste, kamikaze…

RAHU EN TAUREAU ET KETU EN SCORPION

12 juillet 1947 – 28 janvier 1949, 21 février 1966 – 9 septembre 1967, 2 octobre 1984 – 21 avril 1986, 14 mai 2003 – 30 novembre 2004, 24 décembre 2021 – 12 juillet 2023, 4 août 2040 – 21 février 2042…

SA VIE ANTÉRIEURE

C'était un séducteur. Il utilisait le sexe pour manipuler et prendre le pouvoir affectivement, socialement et financièrement. Ses rapports étaient souvent conflictuels : il régnait à l'intimidation, à la menace, à l'ultimatum ; ses amours (des relations plutôt sadomaso) étaient empoisonnées par la jalousie, le ressentiment. Il avait du mal à être fidèle, loyal ; il était plus ou moins incapable de gentillesse et de tendresse désintéressées.

DANS CETTE VIE-LÀ…

Ses tentations : se laisser aller à une sexualité débridée, en cédant par exemple à toutes ses pulsions, multiplier les expériences (triolisme, échangisme…) ou profiter de ses facilités dans ce domaine-là pour en tirer des avantages matériels : mariage avantageux, promotion canapé, prostitution. Résultat : une existence sans doute très passionnée, mais aussi très tourmentée avec prises de tête chroniques,

bisbilles, MST, violences « conjugales », comportements destructeurs ou autodestructeurs, etc.
Ce qu'il doit faire : apprendre à jouir des plaisirs, du sexe, sans pour autant tomber dans la boulimie maladive. Donc *exit* le sexe pour le sexe (place aux sentiments), les aventures d'un soir (place à l'amour) et les affres de la passion (place à la douceur, la tendresse, le bonheur). Mais *exit* aussi l'ascétisme : il doit apprendre à aimer, à se donner, pas à se frustrer. Il s'agit de faire preuve de tempérance (il a droit à quelques excès), pas d'abstinence.

Sa prochaine vie

C'est un bourgeois. Sensuel, il sait savourer tous les grands et petits plaisirs de la vie : bien-être, bonnes bouffes et bonnes lectures, sexe, amitiés, sans faire de vague. Il profite d'une existence tranquille, simple et naturelle dans la stabilité et la sécurité matérielle et affective.

RAHU EN GÉMEAUX ET KETU EN SAGITTAIRE

23 décembre 1945 – 11 juillet 1947, 3 août 1964 – 20 février 1966, 15 mars 1983 – 1er octobre 1984, 25 octobre 2001 – 13 mai 2003, 5 juin 2020 – 23 décembre 2021, 16 janvier 2039 – 3 août 2040…

Sa vie antérieure

C'était un notable. Quelqu'un (plus souvent un homme qu'une femme) qui jouissait d'une autorité morale et intellectuelle, d'un pouvoir social et financier. Il avait de la surface, des biens, du crédit confiance et de l'influence, du standing, du prestige, de la réputation. Il les utilisait avec bienveillance, mais fort de ses certitudes, de ses principes, il avait souvent tendance à en abuser en se croyant par exemple tout permis.

Dans cette vie-là...

Ses tentations : se prendre au sérieux parce qu'il a quelque chose de plus que les autres (beauté, fric, intelligence, pouvoir) et croire qu'il peut bénéficier de traitements de faveur sans avoir rien fait pour les mériter. Bref, se comporter d'une manière arrogante, hypocrite et intolérante, sacrifier valeurs et principes pour sauvegarder ses petits privilèges et prendre de haut en étant autoritaire, méprisant, les démunis, en fait tous ceux qui ne peuvent rien lui apporter.

Ce qu'il doit faire : arrêter de s'encroûter dans ses petites habitudes, sa routine. Mêmes amis, mêmes relations, mêmes idées, mêmes activités, il fonctionne parfois trop en circuit fermé. Il voit toujours les mêmes têtes, il fait toujours les mêmes choses. Il doit ouvrir son univers : bouger, voyager, rencontrer des gens différents, apprendre à relativiser, à se moquer de lui, à jouer, à s'amuser.

Sa prochaine vie

C'est un saltimbanque. Une fille (mais parfois un garçon, souvent d'ailleurs un peu entre les deux) inventive, curieuse, communicative. Ouvert d'esprit, mobile, il s'adapte avec aisance à tout et partout. Il ne s'attache à rien, jamais durablement ni aux choses (il apprécie les changements, la nouveauté) ni aux gens (il a un peu de mal à se fixer sentimentalement).

RAHU EN CANCER ET KETU EN CAPRICORNE

4 juin 1944 – 22 décembre 1945, 15 janvier 1963 – 2 août 1964, 26 août 1981 – 14 mars 1983, 6 avril 2000 – 24 octobre 2001, 17 novembre 2018 – 4 juin 2020, 28 juin 2037 – 15 janvier 2039…

Sa vie antérieure

C'était un fanatique, un solitaire qui sacrifiait tout : couple, enfants, vie de famille, à ses ambitions personnelles, son travail ou son idéal : une passion intellectuelle ou militante. Il avait le sens du devoir, des responsabilités, le goût de l'effort, de la discipline, de la vérité, une phobie plus ou moins prononcée de la foule, du social, des mondanités. Il se méfiait du désir, de la facilité, des apparences.

Dans cette vie-là...

Ses tentations : trop exiger de lui-même et des autres et s'en vouloir parce qu'il ne fait pas assez ou en vouloir aux autres : ils ne sont jamais à la hauteur, le déçoivent sans cesse. Bref, il vire au poisson froid, trop distant, méfiant, incapable d'intimité, d'exprimer des sentiments, au dragon domestique, revendiquant tout le temps, mais jamais satisfait ou trop timide, coincé, devient rabat-joie, voire maso. Ce qu'il doit faire : arrêter de ne voir que le côté négatif des gens, des choses, des situations et chercher à tout contrôler. Il doit apprendre à faire confiance aux autres (on en obtient toujours plus en les soupçonnant du meilleur), à vivre dans le présent, les bons moments au lieu de se projeter sans cesse dans un avenir idyllique, à exprimer son imagination et ses sentiments au lieu de tout rationaliser.

Sa prochaine vie

C'est une mère. Maternel et maternant, il donne la priorité à la sensibilité, à la créativité et au feeling, à l'intimité (maison, couple), à la famille et aux enfants sans que cela l'empêche pour autant d'avoir un travail valorisant. Il fait toujours chaud chez lui : ambiance confortable, bonne nourriture mitonnée avec amour, écoute bienveillante, câlins...

RAHU EN LION ET KETU EN VERSEAU

16 novembre 1942 – 3 juin 1944, 27 juin 1961 – 14 janvier 1963, 5 février 1980 – 25 août 1981, 18 septembre 1998 – 5 avril 2000, 29 avril 2017 – 16 novembre 2018, 10 décembre 2035 – 20 juin 2037...

SA VIE ANTÉRIEURE

C'était un révolutionnaire (plus souvent un que une), un activiste. Il faisait partie d'un groupuscule : majorettes, krishnas, raëliens, *ecolo-warriors*, etc. ou d'une secte et au nom de ses idéaux (liberté, indépendance, révolution, droits des animaux, des arbres...), du Parti ou par pure incapacité, il avait souvent sacrifié reproduction de l'espèce, vie de couple, de famille.

DANS CETTE VIE-LÀ...

Ses tentations : se prendre pour un rebelle et/ou une grande incomprise, continuer à se marginaliser (look extravagant, idées farfelues, etc.) et cultiver sa différence. Résultat : il devient de plus en plus intolérant : il tourne

en circuit fermé et tout ceux qui ne sont pas comme lui sont des tarés; et paranoïaque: le monde entier lui en veut et le persécute pour l'empêcher de délivrer un message capital pour l'humanité.
Ce qu'il doit faire: s'intégrer, remiser ses panoplies (tenues et idéologies de cirque) à la cave, se dire qu'il est comme tout le monde ni mieux ni pire et faire comme tout le monde: cotiser à l'espèce, à la communauté des humains. Bref, il sort de sa solitude glacée et il se singularise en faisant preuve d'une vraie originalité: création, innovation, etc.

Sa prochaine vie

C'est un mécène (plus rarement une femme), avec du pouvoir et de la prestance. Il est reconnu pour sa contribution à la civilisation ou à la vie sociale. Il réussit à concilier créations de l'esprit (il apporte sa propre contribution artistique) et créations de la chair (il fait des enfants).

RAHU EN VIERGE ET KETU EN POISSONS

28 avril 1941 – 15 novembre 1942, 9 décembre 1959 – 26 juin 1961, 20 juillet 1978 – 4 février 1980, 28 février 1997 – 17 septembre 1998, 11 octobre 2015 – 28 avril 2017, 22 mai 2034 – 9 décembre 2035…

Sa vie antérieure

C'était une Cendrillon: prostituée, technicienne de surface, femme battue, servante de Dieu, dans le don ou l'abnégation de soi. C'était une victime, une sacrifiée; elle n'avait pas les moyens (manque de caractère, d'éducation, d'argent...) pour sortir de sa situation. Facilement influençable, impressionnée, elle était exploitée.

Dans cette vie-là...

Ses tentations: continuer à se sacrifier au nom de l'amour, par exemple en vivant par ou à travers un autre, d'une « mission ». Passer sa vie à culpabiliser (il mérite tout ce qui lui arrive, il n'en fait jamais assez pour les autres) et entretenir la spirale infernale du malheur: il choisit systématiquement des gens et des expériences qui lui font du mal à l'ego et/ou physiquement. Résultat: il est de plus en plus déprimé, en situation d'échec.

Ce qu'il doit faire: arrêter de se focaliser sur tout ce qui ne va pas chez lui (défauts physiques ou moraux) et se prendre en mains et en charge. Concrètement, ça veut dire ne plus faire des choix de vie, de gens en fonction de considérations affectives car ses émotions, ses sentiments lui font trop souvent faire des bêtises, mais en réfléchissant objectivement: qu'est-ce qui est bien pour lui, répond vraiment à ses besoins, ses désirs, ses attentes?

Sa prochaine vie

C'est une *executive woman* (rarement un garçon), bien propre sur elle (look *clean*, hygiène de vie) et dans sa tête (idées en ordre) qui s'assume toute seule: elle va vers les autres, elle partage avec eux, mais elle ne les utilise pas comme des béquilles. Elle sait ce qui est bon pour elle: elle pose les limites entre l'acceptable et l'inacceptable, et ce qui est bon pour les autres: ils peuvent compter sur elle.

RAHU EN BALANCE ET KETU EN BÉLIER

10 octobre 1939 – 27 avril 1941, 21 mai 1958 – 8 décembre 1959, 30 décembre 1976 – 19 juillet 1978, 12 août 1995 –27 février 1997, 23 mars 2014 – 10 octobre 2015, 2 novembre 2032 – 21 mai 2034…

Sa vie antérieure

C'était un guerrier (pas toujours avec des causes justes), une virago (impulsive, agressive, multipliant les activités ou conduites à risque). Il se bagarrait pour tout et pour rien et il s'efforçait de dominer son entourage en utilisant souvent la menace et parfois la force. Bref, brouillon, brutal, limite *borderline*, ce n'était vraiment pas un cadeau, pas plus pour lui que pour les autres, d'ailleurs.

Dans cette vie-là…

Ses tentations : privilégier dans son existence des attitudes viriles (look garçon manqué, comportements grande gueule, maladroits, violents…) et des activités très « physiques » (sexe compulsif, sport extrêmes, métiers ultra compétitifs…) au détriment de sa féminité ou de sa masculinité. Résultat : il est incapable d'une vie de couple à peu près normale (trop de rapports de force) ou de famille à peu près fonctionnelle (il n'a pas le temps de faire des enfants ou de s'en occuper correctement).
Ce qu'il doit faire : arrêter d'entrer en compétition avec les autres, de se mettre en colère pour un rien, apprendre à désamorcer les rapports de force, à éviter les conflits, et utiliser ses qualités : séduction, sensibilité, intuition, délicatesse, diplomatie, etc. Il doit apprendre aussi à jouer moins perso (genre « je n'ai besoin de personne ») et à soigner un peu plus ses relations, en se montrant plus compréhensif et conciliant, particulièrement dans ses amitiés et dans son couple.

Sa prochaine vie

C'est un séducteur. Son existence est placée sous le signe du plaisir (mondanités, luxe, distractions) et de l'amour (il cherche l'âme sœur, le mariage). Esthète, artiste, il fait beaucoup pour plaire, être aimé, apprécié. Il mène souvent une vie facile, insouciante, quoiqu'un peu instable : il est très mobile, changeant, un peu inconstant, girouette.

RAHU EN SCORPION ET KETU EN TAUREAU

22 mars 1938 – 9 octobre 1939, 1er novembre 1956 – 20 mai 1958, 13 juin 1975 – 29 décembre 1976, 22 janvier 1994 – 11 août 1995, 2 septembre 2012 – 22 mars 2014, 15 avril 2031 – 1er novembre 2032…

SA VIE ANTÉRIEURE

C'était une grosse bourgeoise (bonnes chairs et bonnes chères), attentive au plaisir (goût du confort, du décorum, du savoir-vivre, de la convivialité). Mais aussi quelqu'un de très possessif en amour et matériellement. Il avait tendance à s'encroûter dans ses habitudes, il avait du mal à se remettre en question (il était particulièrement entêté), à accepter les changements (il freinait des quatre fers).

DANS CETTE VIE-LÀ…

Ses tentations : tout centrer sur l'argent car il a des facilités pour en gagner et son bien-être matériel, en accumulant les choses, au détriment de tout le reste : amour, culture, spiritualité. Résultat : il devient un rat ou une grosse profiteuse (intéressée, égoïste), il est vaniteux (à cause de tout

ce qu'il a), envieux (à cause de tout ce qu'il n'a pas) et il s'amollit physiquement et moralement.
Ce qu'il doit faire: arrêter les excès: nourriture, sexe, achats, et se mettre au régime: perdre ses kilos en trop, jeter ses vieilleries, vider ses placards et donner aux pauvres, etc. pour s'alléger. Ensuite, il doit cesser de ruminer son passé, ses souvenirs ou ses rancunes et prendre des initiatives (parler, bouger, créer) et des risques pour se remettre en question, faire du neuf, avancer au lieu de piétiner.

Sa prochaine vie

C'est une sorcière. Rebouteuse, psychanalyste sexothérapeute, pornographe, call-girl, elle explore les mystères du sexe et de la mort et elle soigne les petits bobos du corps et de l'âme, contre espèces sonnantes et trébuchantes. Ses activités sentent un peu le souffre et il passe souvent à la télévision.

RAHU EN SAGITTAIRE ET KETU EN GÉMEAUX

2 septembre 1936 – 21 mars 1938, 14 avril 1955 – 31 octobre 1956, 23 novembre 1973 – 12 juin 1975, 5 juillet 1992 – 21 janvier 1994, 14 février 2011 – 1er septembre 2012, 26 septembre 2029 – 14 avril 2031…

Sa vie antérieure

C'était un petit voleur (plutôt un mec). Il vidait les bourses, il délestait les vieilles dames de leurs économies, il pillait les troncs dans les églises, les pièces dans les parcmètres. Ou il piquait les idées des autres, faisait des faux, des plagiats. Ou il trichait aux cartes, il truquait les balances (petit commerçant).

Dans cette vie-là...

Ses tentations : profiter de ses facilités de contact et de communication pour continuer à rouler les autres dans la farine par le mensonge, la triche, la fraude et la tromperie. Conséquences, une fois qu'il a épuisé son crédit confiance car on ne peut pas mentir à tout le monde tout le temps, il se retrouve tout seul, il passe son temps à fuir les copines et les amis qu'il a arnaqués, ses créanciers, son banquier, le fisc, la justice…

Ce qu'il doit faire : arrêter de bricoler, de se disperser, de se défiler, d'être opportuniste. Il doit prendre et assumer des responsabilités, se montrer capable d'engagement durable (travail, couple, famille), apprendre à capitaliser (amour, amitiés, relations, argent, etc.) et à se projeter dans l'avenir (stabilité, constance, fidélité).

Sa prochaine vie

C'est un gros capitaliste (plus souvent un homme). Grand patron, gros marchand d'objet ou d'idées, il fait son beurre en mondialisant, en spéculant en bourse, en « fusionnant-acquérant », en dégraissant les effectifs avec bonne conscience, jusqu'à ce qu'il dépasse la ligne jaune et que des petits juges viennent lui chercher des poux dans ses comptes. On parle souvent de lui dans *Le Monde*.

RAHU EN CAPRICORNE ET KETU EN CANCER

13 février 1935 – 1er septembre 1936, 25 septembre 1953 – 13 avril 1955, 6 mai 1972 – 22 novembre 1973, 16 décembre 1990 – 4 juillet 1992, 28 juillet 2009 – 13 février 2011, 8 mars 2028 – 25 septembre 2029…

Sa vie antérieure

C'était une romancière (publiée, avec sa petite réputation). Elle écrivait des histoires d'amour (souvent du Barbara Cartland) dans une chaumière (chic et bien chauffée car elle était très frileuse) en embrassant les crapauds de son étang dans l'espoir de rencontrer un prince d'Hollywood qui adapte au cinéma son dernier roman.

Dans cette vie-là...

Ses tentations : s'enfermer sous sa couette parce qu'il a peur de la vie, des autres, de l'avenir, rêver de l'amour au lieu de le vivre, auquel cas il vire vieille fille ou vieux crouton, renoncer à un vrai travail, une vraie carrière parce que c'est trop difficile ou que ça demande trop d'efforts et se contenter de faire des confitures et des enfants.
Ce qu'il doit faire : rompre avec le passé, son enfance, couper le cordon, se projeter dans l'avenir, avoir des ambitions, se fixer des objectifs. Et lutter contre la paresse : plus c'est ardu, plus c'est bien pour lui. S'assumer tout seul, affectivement, matériellement et financièrement, sans compter sur les autres : conjoint, amis, famille.

Sa prochaine vie

C'est une philosophe (plus rarement un). Il écrit des ouvrages savants, il enseigne, Il est docteur *honoris causa* de nombreuses universités, il vit seul avec ses livres et un chat après un premier mariage malheureux et, sur le tard, vers quarante ans, il épouse (un mariage heureux) un présidentiable.

RAHU EN VERSEAU ET KETU EN LION

27 juillet 1933 – 12 février 1935, 7 mars 1952 – 24 septembre 1953, 17 octobre 1970 – 5 mai 1972, 29 mai

1989 – 15 décembre 1990, 8 janvier 2008 – 27 juillet 2009, 20 août 2026 – 7 mars 2028…

Sa vie antérieure

C'était un *sex symbol* (plus souvent un Jagger qu'une Madonna). Il mettait le feu, il vivait entouré de groupies et de gardes du corps, il avait l'argent, le sexe, la drogue (et les accusations de viol, les recherches en paternité, les MST, etc.). Bref, c'était la fête, il avait ses entrées partout chez les rockers et la reine d'Angleterre, les grands couturiers et les patrons d'Hollywood.

Dans cette vie-là…

Ses tentations : avoir un ego hypertrophié, continuer à regarder les gens de haut et réclamer constamment éloges et compliments alors qu'il n'a et/ou ne fait plus rien d'exceptionnel. Il en fait trop pour attirer l'attention : attitudes et tenues provocantes, ostentatoires, rires hystériques, voix agressive, discours de poissard, etc. et il crise émotionnellement (colère, rage, sanglots de veau) chaque fois qu'il n'est pas le *number one*.

Ce qu'il doit faire : arrêter de jouer un rôle de star et/ou de victime, de chercher à vouloir être quelqu'un d'autre, par exemple en s'affamant, en abusant de la chirurgie esthétique, en se droguant et se contenter d'être lui-même avec ses défauts et ses qualités, en misant plus sur son intelligence et sa sensibilité que sur ses rondeurs ou son agressivité.

Sa prochaine vie

C'est une chienne (ou un chien) de garde. Il détient la vérité, la seule, l'unique, celle de sa communauté, de sa tribu, de sa religion, de sa secte, de son groupuscule ou juste de lui tout seul. Il fait la morale (sur les plateaux télés, dans les magazines) et il condamne au silence et/ou au bûcher tous ceux qui ont une autre opinion que la sienne.

RAHU EN POISSONS ET KETU EN VIERGE

7 janvier 1932 – 26 juillet 1933, 18 août 1950 – 6 mars 1952, 30 mars 1969 – 16 octobre 1970, 9 novembre 1987 –28 mai 1989, 21 juin 2006 – 7 janvier 2008, 30 janvier 2025 – 19 août 2026…

Sa vie antérieure

C'était un petit commerçant : herboriste, pharmacien, vendeuse de quatre-saisons, d'espaces publicitaires. C'était un pragmatique : priorité au concret, à l'efficacité, à l'ordre (une place pour chaque chose et chaque chose à sa place) ; un anxieux, un radin (un sou est un sou). Il jouait profil bas (le client est roi), il se faufilait partout et il était médiatique: il colportait aussi les informations et les ragots.

Dans cette vie-là...

Ses tentations: croire que ce qui marche pour les choses marche aussi pour les gens, les émotions, les sentiments, les passions. Il cherche à tout rationaliser, en étouffant désirs, sensibilité ou intuition et à expliquer d'une manière logique. Persuadé d'avoir toujours raison, il ergote, critique et casse les pieds des autres pour qu'ils se plient à l'ordre, aux règles et à ses méthodes qu'il croit bonnes.
Ce qu'il doit faire: arrêter de pinailler, de se noyer dans les détails, de croire qu'il n'y a qu'une seule bonne manière de penser ou de faire. S'ouvrir à la diversité des autres, des idées, des projets, ne plus chercher à tout maîtriser, à tout contrôler. Et ne pas chercher à tout comprendre car cela exclut Dieu, l'amour, l'art, la littérature, etc., à tout rapporter à du même, du connu, mais se laisser surprendre par son imagination, ses rêves et ses fantasmes.

Sa prochaine vie

C'est une missionnaire. Il va porter la bonne parole (amour, paix et foi) dans tous les coins de la planète. Dévoué, il consacre son existence aux damnés de la Terre et de la société: religieuse dans les hôpitaux, les prisons, bénévole du Samu social, inspecteur de la Croix-Rouge, de l'UNESCO, de l'ONU, d'Amnesty International...

♉

SI SON ANNIVERSAIRE TOMBE UN...

Dans certains zodiaques égyptiens, chaque jour de l'année est associé à une image symbolique. Le sens de ces images n'est pas évident au premier abord, il ne faut pas les prendre au premier degré. Il s'agit moins d'analyser que de s'en imprégner, d'y songer, de voir ce que l'image évoque pour soi et, en procédant par analogie, association d'idées, d'en comprendre le sens profond. Chacune de ces images est néanmoins associée à un trait précis de caractère.

21 AVRIL

Un athlète terrassant un taureau par les cornes...
Des initiatives enthousiastes, mais il prend généralement le temps de réfléchir avant d'agir. Il n'est vraiment l'aise que s'il dispose d'une marge de manœuvre. Ses activités et ses relations sont assez stables et généralement très positives. Ils sont nés ce jour-là: Andie MacDowell (1958), Claire Denis (1948), Silvana Mangano (1930), Elisabeth II (1926),

Iggy Pop (1947), Anthony Quinn (1915), Marcel Camus (1912).

22 AVRIL

Une femme se suspendant à la queue d'un cheval…

Très efficace sur le court terme, il ne perd pas de vue pour autant ses objectifs plus lointains. Ambitieux, il aime assez préparer les choses l'avance, les prévoir dans tous leurs détails. Un peu susceptible, il n'aime pas en revanche que l'on conteste ses méthodes et ses décisions.

Ils sont nés ce jour-là : Nicole Garcia (1946), Cécile Nowak (1967), Marie-José Nat (1940), Jack Nicholson (1937), Charlie Mingus (1922).

23 AVRIL

Une vieille femme, debout, à demi voilée…

Taillé d'un seul bloc. Avec lui, pas de « ni oui, ni non » ou de « peut-être, si… ». D'accord, il le dit, pas d'accord, il ne l'envoie pas dire. Il a pas mal de principes et de préjugés aussi. Ses entreprises sont généralement réfléchies, rien n'y est laissé au hasard.

Ils sont nés ce jour-là : Shirley Temple (1928), Michel Leeb (1947), Lee Majors (1940), Barry Watson (1975), William Shakespeare (1564).

24 AVRIL

Une femme tenant un fouet dans la main droite…

Un caractère volontaire, mais il n'a pas une nature réellement impulsive. Il a besoin d'agir en terrain connu ; il n'aime pas être pris au dépourvu ou devoir improviser des solutions de fortune. Il lui semble souvent impossible de bien faire deux choses à la fois.

Ils sont nés ce jour-là : Véronique Sanson (1949), Christine Ockrent (1944), Barbra Streisand (1942), Shirley MacLaine (1934), Jean-Paul Gaultier (1952), Saint Vincent de Paul (1581).

25 AVRIL

Un bœuf accroupi près d'une crèche…

D'un caractère entier, animé d'une vitalité exubérante et détestant perdre son temps, il est généralement très efficace et très méthodique. Il garde toujours en tête un certain souci de rentabilité.

Ils sont nés ce jour-là : Renee Zellweger (1969), Dominique Blanc (1956), Al Pacino (1940), Dominique Strauss-Kahn (1949), Jean Carmet (1923), Albert Uderzo (1927), Ella Fitzgerald (1918).

26 AVRIL

Un homme à trois têtes, la main droite étendue…

Il n'est pas très démonstratif sauf en cas de force majeure. Il préfère agir plutôt que de se livrer à de longues explications. Un peu esclave de ses habitudes et de son confort intellectuel, il n'aime pas non plus prendre de risques.
Ils sont nés ce jour-là: Anna Mouglalis (1978), Claudine Auger (1942), Marie de Médicis (1573), Didier Gustin (1942), Barbet Schroeder (1941), Eugène Delacroix (1798).

27 AVRIL

Une belle femme, debout, altière…
Une personnalité très dynamique, très entreprenante, mais il a parfois du mal à s'adapter aux événements. Un caractère obstiné aussi: il fait volontiers la sourde oreille. Mais il sait aussi reconnaître ses erreurs et corriger le tir en conséquence.
Ils sont nés ce jour-là: Arielle Dombasle (1958), Anouk Aimée (1932), Ari Vatanen (1952), Michel Delebarre (1946).

28 AVRIL

Une femme triste assise sur un tas de pierres…
Quelle mémoire! Il n'oublie jamais rien, sauf ce qui l'arrange. Prudent, il n'agit jamais à l'aveuglette. Ses initiatives, ses propos sont pesés, mesurés. Esprit pratique, il accorde généralement plus de prix aux faits qu'aux idées.

Ils sont nés ce jour-là : Penelope Cruz (1974), Jessica Alba (1981), Gabrielle Lazure (1957), Ann-Margret (1941), Lucrèce Borgia (1480), Sébastien Cauet (1972), Jacques Dutronc (1943), Saddam Hussein (1937), Édouard IV (1442).

29 AVRIL

Un homme chassant devant lui des brebis et des chèvres…

Il ne change pas souvent de préoccupations ou d'activités. Son existence est parfois monotone, mais il aime bien avoir sa tranquillité d'esprit. En général d'humeur égale, il a plutôt de bonnes relations avec son entourage.

Ils sont nés ce jour-là : Anggun (1974), Anne-Sophie Lapix (1972), Uma Thurman (1970), Michelle Pfeiffer (1958), Zouc (1950), André Agassi (1970), Fred Chichin (1954), Jean Rochefort (1930).

30 AVRIL

Un chien jouant entre les jambes de deux femmes…

Entre ses propos et sa situation, il y a toujours un certain écart. Faisant preuve de bon sens, il agit souvent avec froideur. En revanche, quand il s'abandonne à sa sensibilité, il manque fréquemment de logique et d'objectivité.

Ils sont nés ce jour-là : Kirsten Dunst (1982), Jill Clayburgh (1944), Juliana, reine des Pays-Bas (1909), Marie II, reine d'Angleterre (1602), Charles Berling (1958), Lars von Trier (1956), Nicolas Hulot (1955), Jacky (1948), Philippe III de France (1245).

1ER MAI

Un corbeau perché sur un arbre…

Extrêmement sociable, il est généralement très lent à prendre ses décisions. Mais ses hésitations cachent souvent une détermination et une obstination à toute épreuve. Il est très susceptible et il manque souvent d'humour quand il n'est pas maître du jeu.

Ils sont nés ce jour-là: Catherine Frot (1957), Yasmina Reza (1955), Julie Pietri (1957), Danielle Darrieux (1917), Glenn Ford (1916), Max-Pol Fouchet (1913).

2 MAI

Deux femmes, les mains entrelacées…

Parfois esclave de ses habitudes intellectuelles ou de son confort, il a souvent du mal à changer d'idée. Il préfère s'en tenir à ses opinions contre vents et marées. Ses relations sont naturellement très stables, un peu conventionnelles.

Ils sont nés ce jour-là: Lily Allen (1985), Lorie (1982), Barbara Hershey (1948), David Beckham (1975), Edouard Balladur (1929), Serge Reggiani (1922), Bing Crosby (1904).

3 MAI

Deux femmes qui luttent à mains nues…

Personnalité conflictuelle : partagé entre le désir de préserver son jardin secret et celui d'une pleine collaboration, il est souvent en contradiction avec lui-même. Il peut exploiter avantageusement cette double dimension en développant son intuition artistique.

Ils sont nés ce jour-là : Nadja Auermann (1971), Isabelle Mayereau (1948), Golda Meir (1898), James Brown (1933), Yves Simon (1944), Georges Moustaki (1934).

4 MAI

Un homme tenant un bâton par son milieu…

Il est très ambitieux. Une fois ses objectifs fixés, ses décisions prises, il met toutes ses forces dans la balance pour les réaliser. Doué d'une certaine autorité, il a beaucoup d'influence sur son proche entourage, mais il n'en abuse pas. Il est en général plutôt aimable.

Ils sont nés ce jour-là : Pia Zadora (1956), Audrey Hepburn (1929), Gérard Jugnot (1951), Yves Lecoq (1946), Dave (1944), El Cordobés (1936).

5 MAI

Sept ibis volant à tire-d'aile…

Personnalité très esthète, il manque parfois de sens pratique dans la mesure où les solutions qui lui semblent convenables et élégantes ne sont pas faciles à appliquer. Il ne manque pourtant pas de réalisme dans la conduite de ses affaires.
Ils sont nés ce jour-là : Virginie Efira (1977), Glenda Jackson (1936), Craig David (1981), Jean-François Copé (1964), Jean-Pierre Léaud (1944), Lance Henriksen (1940), Bernard Pivot (1935), Karl Marx (1818).

6 MAI

Un homme tenant une rose d'or et une rose d'argent…
Ses relations sont généralement sensibles et chaleureuses. Il est souvent plus conciliant qu'il ne veut le dire. En pratique, il sacrifie fréquemment ses principes à ses sympathies. Il est assez soucieux de son proche entourage, très attentif à son bien-être et, en général, très disponible aux problèmes des autres.
Ils sont nés ce jour-là : Anne Parillaud (1960), George Clooney (1961), Christian Clavier (1952), Orson Welles (1915), Sigmund Freud (1856), Robespierre (1758).

7 MAI

Un taureau attaché à un arbre par le milieu du corps…

Il a une personnalité très équilibrée mentalement et moralement, malgré parfois des intentions très velléitaires ou des conceptions très idéalistes. En toutes circonstances, sa bonne volonté fait avancer les choses.
Ils sont nés ce jour-là: Sophie Thalmann (1976), Véronique Jeannot (1957), Anne Baxter (1923), Eva Peron (1919), Gary Cooper (1901), Piotr Tchaïkovsky (1840), Johannes Brahms (1833).

8 MAI

Deux taureaux qui se battent à grands coups de tête…
Personnalité très versatile, il ne peut se satisfaire d'un seul sujet de préoccupation. Menant souvent de front plusieurs objectifs, il souffre chroniquement d'un manque de temps.
Ils sont nés ce jour-là: Enrique Iglesias (1975), Marie Myriam (1957), Philippe Jeantot (1952), Roberto Rossellini (1906), Fernandel (1903).

9 MAI

Une femme qui transvase de l'eau d'une corne à *une autre…*
Il a un caractère conciliant, très indulgent envers son proche entourage, tolérant avec les autres. Plutôt tourné vers l'avenir, il oublie facilement les mauvais moments et les difficultés passées.

Ils sont nés ce jour-là : Zane Huett (1997), Marie-José Perec (1968), Béatrice Schönberg (1953), Candice Bergen (1946), Marc Cohn (1959), Pierre Desproges (1939), Claude Piéplu (1923)…

10 MAI

Deux grands chiens qui se mordent…

Ses relations affectives sont particulièrement passionnées. Amoureux, il est prêt à tout pour l'être qu'il aime. Ce qui provoque parfois des conflits avec ses proches qui ne comprennent pas qu'il soit aussi « dépendant ».

Ils sont nés ce jour-là : Linda Evangelista (1965), Emmanuelle Devos (1964), Marie-France Pisier (1944), Françoise Fabian (1933), Sid Vicious (1957), Chuck Norris (1940), Fred Astaire (1899).

11 MAI

Un ours qui regarde derrière lui en montrant les dents…

Une certaine indépendance d'esprit, mais il aime sentir qu'il appartient à un groupe, qu'il participe à une équipe. Il est très soucieux de son image de marque ; il a particulièrement besoin de se sentir apprécié.

Ils sont nés ce jour-là : Laetitia Casta (1978), Estelle Hallyday (1966), Fanny Cottençon (1957), Renaud (1952), Haroun Tazieff (1914), Salvador Dali (1904).

12 MAI

Trois hommes qui se tiennent par la main…

Impulsif, il se met souvent dans des situations qui dépassent ses intentions. Il doit alors user de tous ses talents de diplomate et de toute sa séduction pour restaurer l'harmonie.

Ils sont nés ce jour-là: Michel Fugain (1942), Charles Dullin (1885), Gabriel Fauré (1845).

13 MAI

Un homme qui tombe sur le dos…

Un caractère très sociable avec une certaine égalité d'humeur. Ses réactions sont rarement instantanées, plutôt différées, mais leurs répercussions sont profondes, durables. Ses initiatives et ses préoccupations sont stables, ses réalisations solides.

Ils sont nés ce jour-là: Christine Bravo (1956), Senta Berger (1941), Daphne du Maurier (1907), Stevie Wonder (1950), Harvey Keitel (1939), Édouard Molinaro (1928).

14 MAI

Un homme courbé qui s'appuie sur un roseau qui plie…

D'un naturel un peu anxieux, il a tendance à compenser ses problèmes par une certaine boulimie. Un côté un peu

ogre : il a besoin de posséder les choses pour se rassurer. Ses amours sont aussi très possessives, instinctives.
Ils sont nés ce jour-là : Robert Pattinson (1986), Mark Zuckerberg (1984), Sofia Coppola (1971), Cate Blanchett (1969), Marguerite de Valois (la reine Margot, 1553), Patrick Bruel (1959), George Lucas (1944), Sidney Bechet (1897).

15 MAI

Un homme debout, appuyé sur un bâton…
Il n'est pas très enclin aux changements. Il préfère vivre dans des décors familiers et entretenir des relations de longue date. Il se hérisse quand il s'agit d'improviser ou de s'adapter. Il a un très fort instinct de conservation.
Ils sont nés ce jour-là : Jessica Sutta (1982), Mireille Darc (1938), Arletty (1898), David Charvet (1972), James Mason (1909), Alphonse Daudet (1840).

16 MAI

Un homme, debout, la main tendue…
Très indépendant, il n'entreprend de véritables relations qu'avec de rares élus. Il est en général très fidèle à ses principes, très ferme dans ses décisions, très obstiné dans ses choix et résolu dans ses projets. Il déteste faire les choses à moitié.

Ils sont nés ce jour-là : Megan Fox (1986), Gabriela Sabatini (1970), Janet Jackson (1966), Debra Winger (1955), Pierce Brosnan (1953), Christian Lacroix (1951), Henri Fonda (1905).

17 MAI

Un champ couvert de gerbes de blé…

Naturellement capable d'amabilité sans discrimination, il est toujours disponible aux sollicitations extérieures. Soucieux des problèmes des autres, des préoccupations de son entourage, c'est plutôt quelqu'un d'attentif.

Ils sont nés ce jour-là : Enya (1961), Jean-Marie Bigard (1954), Dennis Hopper (1936), Jean Gabin (1904), Erik Satie (1866).

18 MAI

Une femme tirant un cheval par la bride…

Des relations essentiellement conditionnées par des rapports de sensibilité. Il marche d'abord à la sympathie. Ses affaires dépendent beaucoup de son affectivité. Il réussit mieux quand il se sent entouré et apprécié.

Ils sont nés ce jour-là : Vanessa Guedj (1976), Sandra (1962), Yannick Noah (1960), Jean-Paul II (1920), Charles Trenet (1913).

19 MAI

Une femme traînant un bouc par les cornes…

Un caractère très dynamique. Il avoue un certain mépris pour les idées trop abstraites, sans application possible. Il est très volontaire, mais parfois un peu aussi imprévoyant. Ses plaisirs souvent le démobilisent ou retardent la réussite de ses projets.

Ils sont nés ce jour-là: Emma Shapplin (1974), Sophie Davant (1963), Grace Jones (1952), Pete Townshend (1945), Fernand Raynaud (1926), Daniel Gélin (1921).

20 MAI

Un homme au sommet d'une colline, regardant dans le lointain…

Toujours disponible et plutôt conciliant, il a bon caractère en général. Mais son indulgence n'est souvent que le reflet de son indifférence. Il vit essentiellement dans l'instant sans trop se soucier du passé ou de l'avenir.

Ils sont nés ce jour-là: Elsa (1973), Cher (1946), Joe Cocker (1944), Stéphane Collaro (1943), James Stewart (1908).

21 MAI

Une grande maison de maître en pierres blanches…

Un caractère marqué par la variété des humeurs. Il sombre vite dans l'ennui s'il n'a rien pour le divertir ou le motiver. Il manque parfois d'objectivité envers lui-même ; il aime bien se raconter des histoires pour embellir son quotidien.

Ils sont nés ce jour-là : Joan Collins (1933), Lisa Edelstein (1967), Robert Castel (1933), Raymond Burr (1917), Henri Rousseau (1844).

LE PLUS DE SON ASCENDANT

Le signe anniversaire, c'est la représentation qu'on se fait du monde, une façon de voir. Le signe ascendant, c'est en revanche le monde tel qu'on l'éprouve, une façon de ressentir. Chaque ascendant nuance le Taureau d'une manière particulière…

TAUREAU ASCENDANT BÉLIER

Il est assez susceptible avec des réactions souterraines beaucoup plus vives qu'il n'y parait. Il est souvent du genre à ignorer ses désirs pour mieux satisfaire ses besoins. Il fait en général beaucoup d'efforts pour accéder et conserver un certain bien-être matériel, une stabilité relative. Son impulsivité contrecarre parfois ses projets immédiats, mais il est souvent gagnant sur la longueur. Son obstination frise cependant parfois l'idée fixe.

TAUREAU ASCENDANT TAUREAU

Un ascendant Taureau lui donne un surcroît de volonté : il obtient toujours ce qu'il veut à force d'acharnement et d'obstination. On ne le voit jamais s'engager à la légère ou démarrer au quart de tour. Mais, parti sur sa lancée, il ne décroche pas avant d'être arrivé au bout de ses peines. Il gagne à vivre dans un cadre de vie naturel pour éviter d'être sous pression en permanence. Il lui faut un port d'attache et un havre de paix.

TAUREAU ASCENDANT GÉMEAUX

Tour à tour matérialiste et romantique à l'excès, il est à la fois fidèle et inconstant, conservateur et moderniste, possessif et bohème, profond et superficiel. La richesse de ses émotions est heureusement susceptible de réconcilier ses deux tendances. Sa sensibilité à fleur de peau est le meilleur garant de sa disponibilité et de son ouverture sur le monde.

TAUREAU ASCENDANT CANCER

Étant très attaché à ses traditions culturelles et familiales, il fait souvent référence au passé et il a parfois tendance à s'enfermer dans ses habitudes, à avoir des préjugés. Idées, sentiments ou méthodes, il prend facilement racine. Il consomme beaucoup d'énergie pour préserver sa sécurité ou son intimité et pour défendre ses acquis.

TAUREAU ASCENDANT LION

Un surcroît d'assurance. Il est parfois autoritaire, toujours très conscient de sa propre valeur. Un peu vaniteux parfois, il a facilement tendance à tout rapporter à lui-même, à s'imaginer au centre des préoccupations. Il a besoin de relativiser sa situation ou ses opinions. Pas forcément très susceptible en surface, il manque pourtant souvent d'humour. Mais cela s'arrange généralement avec la maturité.

TAUREAU ASCENDANT VIERGE

Avec une conception du monde très pragmatique, il sacrifie volontiers l'agréable à l'utile, surtout lorsque son confort personnel n'est pas en jeu. Quand il prend le temps de méditer, il songe plus souvent à rentabiliser ses efforts. Des efforts qu'il n'épargne pas; il se montre généralement très méthodique, très accrocheur. Mais il a aussi parfois tendance à se montrer trop critique et à imaginer avoir le monopole de la raison ou du bon sens.

TAUREAU ASCENDANT BALANCE

En balance permanente entre la recherche du plaisir et le besoin de sécurité. Il donne aussi bien l'impression de ne pas avoir de suite dans les idées que de rester accroché contre vents et marées à ses convictions. Il a une personnalité somme toute élastique : il s'étire, s'étire, mais, fidèle à lui-même, il revient toujours à sa forme originelle, à ses vieilles habitudes ou à ses premiers engagements.

TAUREAU ASCENDANT SCORPION

Un côté entier. Il est souvent déchiré entre ses besoins à court terme et ses désirs à long terme. La raison et l'instinct ne font pas bon ménage en lui : il se sent coupable. Ses appétits, très forts dans la plupart des domaines, le poussent parfois à commettre toutes sortes d'excès dans le plus ou le moins. Tour à tour lascif ou moraliste, il est très exigeant dans ses relations, perfectionniste dans ses activités et, parfois, assez intransigeant.

TAUREAU ASCENDANT SAGITTAIRE

Tempérament haut en couleurs, il est à la fois voluptueux et énergique. Assez conformiste aussi : ses idées, sa manière de vivre, sont dans l'ensemble assez conventionnelles. Mais il peut se montrer très libéral, très tolérant tant que personne n'envahit ses plates-bandes ou son jardin secret. Sa probité est parfois un peu tatillonne, mais on est honnête ou on ne l'est pas.

TAUREAU ASCENDANT CAPRICORNE

Une montagne de persévérance et d'opiniâtreté ; sa seule présence inspire confiance. Il a parfois du mal à démarrer, mais une fois sur sa lancée, il se montre inébranlable. Son sens aigu de l'organisation va de pair avec son sens des responsabilités. En règle générale, il ne ménage pas sa peine. Il n'est jamais manchot quand il s'agit de défendre ses intérêts et il est rarement pris au dépourvu.

TAUREAU ASCENDANT VERSEAU

Une personnalité assez complexe. D'un côté, il est plutôt convivial, liant, assez attentif aux autres ; il aime partager, échanger. De l'autre, il est remarquablement susceptible et il a parfois des réactions épidermiques : il se ferme comme une huître ou alors il fuit. Très ancré dans ses convictions et ses certitudes, il a souvent du mal à changer ses habitudes ou à faire des concessions.

TAUREAU ASCENDANT POISSONS

Une sensibilité en rondeur et en souplesse. À l'intérieur, il est très vif, très nuancé, mais en apparence, il se montre plus taciturne, peu communicatif. Un simple regard lui semble souvent beaucoup plus éloquent qu'un long discours. S'il paraît parfois un peu passif, c'est l'effet d'une émotivité envahissante, d'une spontanéité retenue. Il s'efforce souvent de ne rien laisser paraître de ses sentiments.

♉

LE JOURNAL DE SON CORPS

SA MORPHOLOGIE

Corps un peu lourd, charpenté, formes (seins, fesses, cuisses) opulentes, mais ossature fine (membres, attaches déliées). Postures, attitudes et mouvements fermes, contrôlés. Prédominance du système nerveux: besoin d'activité psychique sinon stress (insomnie, spasmophilie, etc.). Caractère: catathyme (sensoriel, introverti, sautes d'humeur).

SON ALIMENTATION

Plutôt équilibrée (trois repas par jour les pieds sous la table), naturelle (produits de qualité, bio...), légère (beaucoup de salades, peu de sauces), mais aussi répétitive (manque de variété).

SA LIGNE

À entretenir en misant sur des activités qui font beaucoup travailler les fessiers et les membres inférieurs : marche (escaliers inclus), roller, vélo, natation à raison d'une heure (même fractionnée) quotidienne.

SES RISQUES KILOS

Aggravés par l'anxiété, particulièrement en période de changement (d'environnement, de travail, de vie…), d'inactivité intellectuelle et de ruminations (ressentiment, doutes sur ses capacités, problèmes obsessifs…), il a tendance à prendre beaucoup de poids. Zones à risque : surtout les hanches, les fesses, les cuisses et le cou.

COMMENT LE METTRE AU RÉGIME ?

Matin, midi et soir, sélectionner des aliments à forte valeur protéique et pauvres en matières grasses : viandes maigres (veau, steak haché à 5 % de matières grasses, lapin…), poissons maigres (poissons blancs, thon en boîte au naturel) et crustacés. Et miser sur les légumes (salades, céleris, radis, concombres, courgettes, endives, épinards) et les fruits (pommes, agrumes, kiwis, fruits rouges) peu sucrés.

SA POTION MAGIQUE

La valériane (ou herbe à la femme battue), l'un des meilleurs calmants et régulateur de l'appétit, en cas d'anxiété, de nervosité ou d'angoisses.

SES BOBOS

De A à Z, tous les principaux bobos du signe et les bons réflexes forme.

ANXIÉTÉ

Le Taureau est un grand anxieux (il s'attend à ce que tout tourne mal, exagère les difficultés potentielles, dramatise les problèmes...), particulièrement en période de changement (d'école, de quartier, de partenaire, de travail...).
Les bons réflexes:

- Avoir une meilleure hygiène de vie: les bons dormeurs et les sportifs sont moins anxieux.
- Apprendre à relativiser par l'humour, le jeu, l'action, la relaxation, etc.

BONNES BOUFFES

Pas de doute, le Taureau a l'un des meilleurs coups de fourchette du zodiaque. Il adore manger en prenant son temps. En principe, ça passe bien, mais avec l'âge ou les soucis, il stocke (les hanches, les fesses, les cuisses et le cou) et il doit se surveiller pour vieillir mince.

Les bons réflexes:

- Privilégier (matin, midi et soir) des aliments à forte valeur protéique et pauvres en matières grasses: viandes maigres, poissons maigres et crustacés. Et miser sur les légumes et les fruits peu sucrés.
- Varier son alimentation (tendance à manger toujours les mêmes choses) pour éviter les carences vitamines et minéraux.

Boulimie

Le Taureau est un oral dépendant (il attend tout de l'autre, demande toujours trop, supporte mal les frustrations, vit dans la peur d'être abandonné…). Il compense dans la nourriture dès qu'il n'est pas « nourri » par le monde extérieur (amour, câlins, plaisirs, sorties, restos, vacances, cadeaux…), donc gros risque d'obésité.

Les bons réflexes:

- Acheter un carnet pour noter toutes ses envies de nourriture: dans quelles circonstances, à quel moment, à cause de quoi ou de qui, s'il a lutté ou pas, combien de temps il a tenu… Objectif: comprendre ce qui le fait se ruer sur le réfrigérateur et ce qui l'aide à résister.

- Accrocher un miroir sur son réfrigérateur. Tous les tests réalisés montrent qu'on choisit inconsciemment des aliments moins gras quand on se voit avant de boulotter.

Maux de gorge

La gorge, c'est le point faible du Taureau, d'où des irritations (plus ou moins graves) et une vulnérabilité aux infections bactériennes et virales (grippe, rhumes non allergiques).

Les bons réflexes :

- Bien se couvrir quand le temps est froid, éviter les courants d'air et les changements de température brutaux.
- Humidifier sa chambre. Les atmosphères trop sèches sont souvent des facteurs déclenchants.
- Changer de brosse à dents tous les mois. Les bactéries s'accumulent sur les soies et entrent dans l'organisme chaque fois qu'on se blesse les gencives pendant le brossage.
- Prendre du zinc en oligo-élément pour renforcer les défenses immunitaires ou en cachet (Gluconate de zinc). Le zinc soulage les maux de gorge et abrège la durée d'un rhume.

Otites

Fragile du nez, le Taureau l'est aussi des oreilles, d'où fréquentes démangeaisons et parfois otites à répétition. Les bons réflexes:

- Se sécher toujours les oreilles au séchoir électrique après le bain, la douche, la piscine, car l'humidité favorise la prolifération des bactéries et des champignons.
- Bannir les cotons-tiges qui retirent le cérumen protecteur ou, pire, le repoussent au fond du conduit et l'obstruent. Utiliser plutôt une solution auriculaire (Céruspray).

Peau d'orange

Stressé, sédentaire, le Taureau fait facilement de la cellulite (cuisses, fesses...). Avec une alimentation équilibrée, de l'exercice, du calme, ça s'arrange, mais il garde toujours un peu de cellulite résiduelle: sa peau a besoin d'être tonifiée. Les bons réflexes:

- Se brosser la peau (partout, pas seulement là où il y a de la cellulite) avec une brosse douce, en décrivant des mouvements circulaire, pour améliorer la circulation et le drainage.
- Ajouter à l'eau du bain de l'huile de sauge, de cyprès ou de genévrier pour restaurer le satiné de la peau.

Rhumes à répétition

D'un tempérament allergique, le Taureau fait souvent des rhinites (nez bouché, éternuements en rafales, toux sèche, yeux qui coulent...) à cause des acariens, des animaux domestiques, des pollens (début mai à fin juin), des moisissures (début de l'automne) ou de la pollution.

Les bons réflexes:

- Se laver le nez régulièrement tous les jours (matin et soir si environnement très pollué et/ou tabac) avec du sérum physiologique.
- Des inhalations au moment des crises: menthol (Balsofumine à 1 %) ou eucalyptus (Eucalyptol inhalant).

Ruminations

Avec le Scorpion, le Taureau est le champion des prises de tête (idées fixes, doutes, obsessions diverses et variées...). D'où des angoisses et du mal à passer à l'acte: il remet systématiquement au lendemain, se fixe des objectifs inaccessibles (inutile d'essayer), attend que les conditions optimales soient réunies (elles ne le sont jamais), dramatise les difficultés (réelles) ou en imagine d'hypothétiques pour ne rien faire, fait souvent les choses en traînant des pieds, prend peu d'initiatives (il est esclave de ses habitudes).

Les bons réflexes:

- Remplir ses journées (travail, courses, démarches, rendez-vous, sorties, etc.) et prendre des engagements à l'avance pour ne pas être tenté de s'avachir devant la télé.
- S'entourer d'amis ultra *speed* pour profiter de l'effet d'entraînement et ne pas passer sa vie scotché devant la télévision en pyjamas.

Sédentarité

Sorti des joies de la table et du lit, le Taureau n'est pas un « physique ». Il privilégie plutôt les activités et les loisirs statiques, il ne fait pas ou peu de sport. D'où d'éventuels problèmes liés à un excès de sédentarité : grosses fesses, hypertension, diabète gras, cancer du colon, troubles psychologiques (anxiété, dépressions).

Les bons réflexes :

- Se forcer à sortir. Le manque d'air frais et de lumière ont des effets déprimants sur l'organisme. Moins on bouge, moins on a envie de bouger.
- Réveiller ses muscles (plutôt que sa tête) en misant sur des activités qui font beaucoup travailler les fessiers et les membres inférieurs : marche (escaliers inclus), roller, vélo, natation à raison d'une heure (même fractionnée) quotidienne.

Spasmophilie

Hyper émotif, le Taureau fait souvent des crises (crampes, « boules dans la gorge », douleurs de poitrine, palpitations, bouffées de chaleur, rougeurs du visage et du décolleté). Les bons réflexes :

- Respirer dans un sac en papier en cas de crise pour se calmer avec son propre gaz carbonique.
- Faire des cures régulières (pendant deux mois deux ou trois fois par an particulièrement en hiver) de magnésium (Mag2, Oromag). Associer avec de la vitamine B6 qui facilite son assimilation et agit de surcroît dans le cerveau sur le contrôle de la faim et la régulation de l'humeur (Magné B6).

Thyroïde paresseuse

Mangeant peu salé ou vivant dans des régions éloignées de la mer, le Taureau manque parfois d'iode. Ce qui oblige sa thyroïde à travailler en sécrétant davantage. D'où risque d'hypertrophie de la glande (et goitre comme Balladur). Les bons réflexes :

- Prendre du sel iodé (c'est marqué dessus) de préférence plutôt que du sel tout court.
- Manger des fruits de mer, particulièrement des huîtres, l'aliment le plus riche en iode (300 ug/100 grammes) et également en zinc (70 mg/100 grammes).

SON MODE D'EMPLOI

On a tous une tête, mais on ne s'en sert pas tous de la même manière. De là, des manières de penser, de communiquer et d'agir différentes.

SA FAÇON DE PENSER

Il voit d'abord l'aspect pratique des choses. Il a une approche maîtrisée des situations. C'est une personne d'habitudes (il n'aime pas le changement), de routines (il agit et il pense toujours de la même manière). Il fonctionne avec des idées, des méthodes qui ont fait leurs preuves. Il a tendance à tout planifier, organiser, arranger ; il cherche à tout mettre en ordre (les idées, les choses, les gens). Il a besoin de contrôler les événements, de gérer (il est très soucieux des détails, des défauts cachés) pour se rassurer. Car, au fond, c'est un affectif mal à l'aise avec ses émotions. Ayant toujours du mal à les exprimer, il a peur de ses réactions.

COMMENT LUI PARLER?

Parler concret (faits précis, mesurables, vérifiables, prouvés). Comme Saint Thomas, il ne croit que ce qu'il voit et il doit voir pour croire.

Être clair et direct: nature exacte de la situation, des problèmes ou des difficultés, leçon des expériences passées, etc. N'omettre aucun détail: pour lui, tout est important.

Mettre en avant les profits (efficacité, résultats) immédiats et la continuité des actions engagées. Les possibilités, les potentialités, les spéculations sur l'avenir ne l'intéressent pas ou peu.

Quand on argumente, ne pas sauter une étape. Raisonner pas à pas, point par point, avec schémas, plans, exemples à l'appui (montrer les applications réussies) et fréquents retours en arrière si nécessaire pour être certain d'être bien compris.

Pas de second degré, d'insinuations, car il prend les mots au pied de la lettre, c'est un terre-à-terre.

SES ATOUTS DANS LA VIE

Il privilégie l'efficacité (la sienne et celle des autres); il est très doué pour concrétiser les idées.

Il est très consciencieux et fiable.

Il travaille d'une manière rigoureuse, méthodique.

Il a une grande puissance de travail et de concentration.

Il sait coordonner et organiser le travail des autres mais il s'impatiente souvent en cours d'exécution.
Il est parfois un peu lent au démarrage, mais une fois lancé il va jusqu'au bout des tâches fixées.
Il est très agréable à vivre au quotidien, ouvert aux autres, soucieux de leurs problèmes.
Il a un sens politique très développé des relations au sein de l'entreprise.

SES FILIÈRES D'EXCELLENCE

L'architecture, la mode (stylisme, achats), le sport, la gestion, le dessin industriel (design, cartes, plans...), le paramédical (pharmacien, kiné, esthétique)...

SES HOBBIES

La botanique (herbier), le ping-pong, le jogging, les jeux de cartes, les jeux de hasard, la coupe du bois, le canotage, le tennis, la méditation, l'humour (raconter des blagues), la pêche, la gymnastique, le bowling, la cuisine (recettes), le ménage.

SA VIE SOCIALE

SES RAPPORTS AVEC LES AUTRES

D'un caractère aimable, même s'il n'est pas toujours très sociable (à cause d'une certaine timidité), le Taureau inspire souvent la bienveillance, les confidences (il sait écouter). Économe de gestes et de propos, il déteste parler pour ne rien dire. Autant dire qu'il n'aime pas les mondanités, blablater juste pour faire la conversation, même si en apparence il semble très à l'aise. Au naturel, il est sans affectation de style ou de langage, il n'aime pas les artifices tout simplement.

Dans ses jeunes années il est plutôt très ouvert, il se crée facilement des contacts mais avec le temps et les déceptions, il devient souvent un peu plus méfiant et sélectif dans ses sympathies.

Un peu méfiant dans ses approches, il est évidemment susceptible. Avec lui, il faut prendre les formes, ménager sa sensibilité sinon il peut réagir de manière épidermique, bloquer, s'enfermer dans le silence ou s'entêter quand bien même il sait qu'il a tort. Quand on évite de le prendre de front, il se montre généralement très attaché et très attachant.

SES DÉRAPAGES

Avec Vénus (déesse de l'amour), le Taureau a *a priori* une propension au plaisir (c'est un grand sensuel), à la douceur (il aime les rapports *softs*, harmonieux), à la convivialité (bonnes bouffes, sexe). Mais il explose parfois.

SES PULSIONS AGRESSIVES

Fortes, mais le plus souvent refoulées. Donc peu de manifestations, mais accumulation de ressentiments et quand il explose, c'est trop tard, définitif, irrécupérable. Chez lui, l'agressivité s'exprime plutôt en mode passif : il boude ou il ergote quand il n'est pas content ; il traîne des pieds quand il n'a pas envie.

COMMENT IL S'EN DÉFEND

En fantasmant. Quand les gens le poussent à bout, au lieu de se mettre en colère, il imagine leur faire subir toutes sortes d'horreurs. Pour lui, l'agressivité n'est pas acceptable (ni personnellement ni socialement) : et il trouve ça moche, pas normal (en fait, il a peur de ne plus se contrôler et de faire des choses affreuses).

CE QUI LE DÉCLENCHE

En cas de blessures (réelles ou supposées) d'amour-propre (il est très susceptible, il se vexe facilement). Mais aussi à chaque fois qu'on lui demande de faire quelque chose qu'il ne veut pas faire ou qu'on le « bouscule » pour aller plus vite, faire mieux, plus. Il est particulièrement vulnérable dès qu'il est question de changements (d'habitudes, de gens, de méthodes…).

Ses risques

Se faire piétiner (en amour, socialement…). Quand il garde tout pour lui, il passe parfois pour un mollasson et les autres en profitent. Ou alors ils ne voient même pas qu'il est contrarié et ils recommencent.

Passer pour quelqu'un qui rumine dans son coin (quand il réagit après-coup) et finir par exploser au plus mauvais moment (à force de colères rentrées).

Devenir boulimique (les gros sont souvent des agressifs refoulés), dépressif (agressivité retournée contre soi).

Comment doit-il gérer ?

D'abord en acceptant son agressivité. Non seulement, c'est légitime de se mettre en colère dans certaines situations (en cas de manque de respect, d'humiliation, d'agression…), mais c'est même nécessaire, moral.

Ensuite, en relativisant : c'est mieux de garder son *self control*, mais il ne peut pas y arriver tout le temps.

À ne pas faire : réagir trois jours plus tard (toujours hors de propos), se fermer comme une huître pendant des heures (mieux vaut qu'il vide plutôt son sac), avoir un premier mouvement d'humeur et ensuite se montrer tout gentil parce qu'il est gêné.

L'INFLUENCE DE SON SIGNE CHINOIS

Le caractère du Gémeaux est nuancé selon son année de naissance. Les Chinois distinguent douze signes suivant les années : Rat (Zi), Bœuf (Chou), Tigre (Yin), Lièvre (Mao), Dragon (Chen), Serpent (Si), Cheval (Wu), Chèvre (Wei), Singe (Shen), Coq (You), Chien (Xu), Cochon (Hai). Mais chaque signe est aussi associé à un élément⊛ (Feu⊛, Terre⊛, Métal, Eau⊛, Bois) qui lui donne des caractéristiques particulières.

COMMENT TROUVER SON SIGNE CHINOIS ?

L'année chinoise est une année luni-solaire, elle commence et se termine toujours à des dates différentes.

ANNÉE	NOUVEL AN	ANIMAL	ÉLÉMENT
1940	8 février	Dragon	Métal
1941	27 janvier	Serpent	Métal
1942	15 février	Cheval	Eau
1943	5 février	Chèvre	Eau
1944	25 janvier	Singe	Bois
1945	13 février	Coq	Bois
1946	2 février	Chien	Feu
1947	22 janvier	Cochon	Feu
1948	10 février	Rat	Terre
1949	29 janvier	Buffle	Terre
1950	17 février	Tigre	Métal
1951	6 février	Lièvre	Métal
1952	27 janvier	Dragon	Eau
1953	14 février	Serpent	Eau
1954	3 février	Cheval	Bois
1955	24 janvier	Chèvre	Bois
1956	12 février	Singe	Feu
1957	31 janvier	Coq	Feu
1958	18 février	Chien	Terre
1959	8 février	Cochon	Terre
1960	28 janvier	Rat	Métal
1961	15 février	Buffle	Métal
1962	5 février	Tigre	Eau
1963	25 janvier	Lièvre	Eau
1964	13 février	Dragon	Bois
1965	2 février	Serpent	Bois

ANNÉE	NOUVEL AN	ANIMAL	ÉLÉMENT
1966	21 janvier	Cheval	Feu
1967	9 février	Chèvre	Feu
1968	30 janvier	Singe	Terre
1969	17 février	Coq	Terre
1970	6 février	Chien	Métal
1971	27 janvier	Cochon	Métal
1972	15 février	Rat	Eau
1973	3 février	Buffle	Eau
1974	23 janvier	Tigre	Bois
1975	11 février	Lièvre	Bois
1976	31 janvier	Dragon	Feu
1977	18 février	Serpent	Feu
1978	7 février	Cheval	Terre
1979	28 janvier	Chèvre	Terre
1980	16 février	Singe	Métal
1981	5 février	Coq	Métal
1982	25 janvier	Chien	Eau
1983	13 février	Cochon	Eau
1984	2 février	Rat	Bois
1985	20 février	Buffle	Bois
1986	9 février	Tigre	Feu
1987	29 janvier	Lièvre	Feu
1988	17 février	Dragon	Terre
1989	6 février	Serpent	Terre
1990	27 janvier	Cheval	Métal
1991	15 février	Chèvre	Métal

ANNÉE	NOUVEL AN	ANIMAL	ÉLÉMENT
1992	4 février	Singe	Eau
1993	23 janvier	Coq	Eau
1994	10 février	Chien	Bois
1995	31 janvier	Cochon	Bois
1996	19 février	Rat	Feu
1997	7 février	Buffle	Feu
1998	28 janvier	Tigre	Terre
1999	16 février	Lièvre	Terre
2000	5 février	Dragon	Métal
2001	11 février	Serpent	Métal
2002	12 février	Cheval	Eau
2003	1er février	Chèvre	Eau
2004	22 janvier	Singe	Bois
2005	9 février	Coq	Bois
2006	29 janvier	Chien	Feu
2007	18 février	Cochon	Feu
2008	7 février	Rat	Terre
2009	26 janvier	Buffle	Terre
2010	14 février	Tigre	Métal
2011	3 février	Lièvre	Métal
2012	23 janvier	Dragon	Eau
2013	10 février	Serpent	Eau
2014	31 janvier	Cheval	Bois
2015	19 février	Chèvre	Bois
2016	8 février	Singe	Feu
2017	28 janvier	Coq	Feu

ANNÉE	NOUVEL AN	ANIMAL	ÉLÉMENT
2018	16 février	Chien	Terre
2019	5 février	Cochon	Terre
2020	25 janvier	Rat	Métal
2021	12 février	Buffle	Métal
2022	1er février	Tigre	Eau
2023	22 janvier	Lièvre	Eau
2024	10 février	Dragon	Bois
2025	29 janvier	Serpent	Bois
2026	17 février	Cheval	Feu
2027	6 février	Chèvre	Feu
2028	26 janvier	Singe	Terre
2029	13 février	Coq	Terre
2030	3 février	Chien	Métal

SES MOTS PLUS, SES MOTS MOINS, SES AFFINITÉS AVEC LES AUTRES SIGNES

TAUREAU/RAT

Ses mots + : charme, introversion (calme, réfléchi, discret), vivacité d'esprit, sens critique, minutie, pondération (de bon conseil), dévouement (en amour).
Ses mots - : extrême agressivité, dissimulation (renfermé, manipulateur), froideur (insensible, brutal), paresse, cupidité (intéressé, profiteur, mesquin).

Ses affinités avec les autres signes: il craque pour le Dragon (son amant idéal), le Singe (mais il risque d'aimer plus qu'il n'est aimé), le Bœuf (son meilleur soutien). Prudence avec le Chien (beaucoup trop dépendant pour quelqu'un comme lui) et le Cochon (qui pourrait lui briser le cœur). À éviter: le Cheval (qui le déteste) et le Lièvre (beaucoup trop casanier pour lui).

Taureau/Buffle

Ses mots + : équilibre, ténacité (patient, persévérant), énergie (extrêmement actif, diligent), indépendance (autonome, appréciant la solitude), sincérité (chaleureux), fidélité (en amitié).

Ses mots -: psychorigidité (obstiné, entêté, mauvais perdant), suffisance (vaniteux, très sensible à la flatterie, ne supportant pas l'échec), intolérance (rancunier, tatillon en amour).

Ses affinités avec les autres signes: un bonheur parfait avec le Coq (son partenaire idéal), le Serpent (très bonne entente amoureuse) ou le Rat (s'il est vraiment amoureux). Prudence avec la Chèvre (très capricieuse, elle risque de le lâcher) ou le Tigre (très instable, il pourrait le décevoir). À éviter: le Singe (très séduisant, mais trop peu loyal à son goût), le Cheval (beaucoup trop égoïste pour lui).

TAUREAU/TIGRE

Ses mots + : courage (plein d'assurance, aimant se mettre en avant), indépendance (meneur d'homme), ouverture (intelligent, large d'esprit, tolérant), générosité (surtout en amour).

Ses mots -: individualisme (indiscipliné, rebelle), mauvais caractère (intransigeant, querelleur), irréflexion (imprudent, tête brûlée), mauvaise foi (hypocrite, menteur).

Ses affinités avec les autres signes: les plus bénéfiques pour lui: le Cheval (son partenaire idéal) ou le Chien (son plus dévoué), voire le Dragon (mais liaison souvent orageuse). Prudence avec le Singe (trop malin pour lui, risque d'infidélité) et le Lièvre (bien trop timoré à son goût). À éviter: le Serpent (conflits d'amour-propre) et le Buffle (trop étouffant pour lui).

TAUREAU/LIÈVRE

Ses mots + : douceur (vertueux, discret, prudent), sensibilité (intuitif, créatif, plein de tact), sociabilité (charmeur, affable).

Ses mots -: égoïsme (peu fidèle, pas très famille), ostentation (mondain, pédant, dépensier), faiblesse (hésitant, frileux).

Ses affinités avec les autres signes: bonheur complet avec la Chèvre (son partenaire idéal), le Chien (une âme tendre comme lui) ou le Cochon (très bonne influence sur son moral). Prudence avec le Coq (trop inconstant pour lui) ou le Rat (particulièrement insatisfait). À éviter : le Dragon (trop dominateur, tyrannique pour lui) et le Tigre (le rend chèvre).

Taureau/Dragon

Ses mots + : vitalité (décidé, battant, enthousiaste), réussite (chanceux), intelligence (lucide, très doué, perspicace), spontanéité (franc, généreux).
Ses mots - : égotisme (exigeant, insatisfait, manquant de tact), impulsivité (trop pressé, irritable, brusque), orgueil (trop carré, catégorique, intolérant).
Ses affinités avec les autres signes : le tiercé gagnant : le Rat (son plus grand fan), le Singe (un amant mais aussi un ami) ou le Coq (il reste leader dans son couple). Prudence, en revanche, avec le Serpent (très attirant, mais pas nécessairement fiable). À éviter : le Chien (sape sa confiance en lui-même), le Tigre (lui fait faire des bêtises) et le Lièvre (n'assure pas assez pour lui).

Taureau/Serpent

Ses mots + : sagesse (intelligent, très moral), raison (lucide, très réfléchi), pragmatisme (organisé, efficace), simplicité (pas snob, bien élevé, ayant très bon goût).

Ses mots -: pensée unique (incapable d'écouter, intolérant, têtu), paranoïa (hyper susceptible, possessif, jaloux), agressivité (hyper critique, vindicatif).
Ses affinités avec les autres signes: idéal: le Coq (très mouvementé mais il le rend heureux) ou le Buffle (plus calme, il l'équilibre). Prudence, en revanche, avec le Dragon (fascinant, mais risqué). À éviter: le Tigre (relations très passionnées mais très orageuses), le Cochon (trop de complications) ou un autre Serpent (insupportable).

Taureau/Cheval

Ses mots + : séduction (charmeur, élégant, romantique), dynamisme (enthousiaste, passionné), mobilité (aimant les voyages, les changements, les mondanités).
Ses mots -: instabilité (impatient, soupe au lait), superficialité (trop bavard, vantard, versatile), égoïsme (opportuniste, intéressé).
Ses affinités avec les autres signes: ses deux partenaires de prédilection: la Chèvre (plus amusant) et le Tigre (plus excitant). Risque de chamailleries avec le Chien (mais bon compagnon en général). Prudence avec le Coq (de bonnes mais aussi de mauvaises surprises). À éviter: le Rat (attirance mutuelle mais de nombreux conflits), le Singe (trop rusé et tortueux pour lui), le Buffle (trop dominateur et possessif) ou un autre Cheval (nombreuses ruades).

Taureau/Chèvre

Ses mots + : art (beaucoup de goût, de sens artistique), convivialité (doux, aimable, réceptif, intuitif), harmonie (nuancé, conciliant).

Ses mots -: perfectionnisme (maniaque, insatisfait), immaturité (dépendant, capricieux, irresponsable).

Ses affinités avec les autres signes: le partenaire idéal: le Cochon (très attentionné et protecteur) ou le Cheval (son meilleur soutien). Plus incertain: le Lièvre, même si cela peut faire de belles histoires d'amour. Prudence avec le Rat (même pour une nuit) et le Singe (risques d'infidélités). À éviter: le Buffle (ne supporte pas ses caprices) et le Chien (très insécurisé par ses comportements).

Taureau/Singe

Ses mots + : fantaisie (spirituel, inventif, habile), intelligence (lucide, subtil, tacticien), vivacité (indépendant, actif, passionné).

Ses mots -: inconstance (remuant, infidèle), opportunisme (rusé, menteur, malhonnête), vanité (frimeur, mythomane).

Ses affinités avec les autres signes: prudence avec le Buffle (très possessif) et le Serpent (très soupçonneux), cela finit souvent mal. Plus de satisfaction, en revanche, avec le Dragon (le seul avec qui il peut durablement s'entendre) ou le Rat (c'est avec lui qu'il s'amuse le plus). À éviter:

le Tigre (rapports très passionnés mais également très conflictuels) et le Cheval (beaucoup trop de problèmes avec sa jalousie).

Taureau/Coq

Ses mots + : franchise (sincère, honnête), intelligence (vif d'esprit, curieux, d'une excellente mémoire), sociabilité (enjoué, amusant, brillant, attirant).
Ses mots - : paraître (vaniteux, commère, dépensier), instabilité (d'humeur changeante, versatile), inquiétude (hésitant, indécis, méfiant).
Ses affinités avec les autres signes : les plus bénéfiques pour lui : le Buffle (très stabilisant pour lui), le Serpent (plus stimulant) et, surtout, un Dragon (son partenaire idéal). Prudence, en revanche, avec le Rat (trop de frustrations de part et d'autre). À éviter : le Lièvre (ils n'ont rien en commun), le Chien (trop de divergences) ou un autre Coq (cohabitation très difficile).

Taureau/Chien

Ses mots + : loyauté (très honnête, fidèle), convivialité (chaleureux, désintéressé, dévoué), dynamisme (battant, ambitieux, rapide).

Ses mots -: pessimisme (inquiet, timoré, angoissé), instabilité (changeant, versatile, frivole), narcissisme (intéressé, profiteur).
Ses affinités avec les autres signes: les bons signes pour lui: le Tigre (son compagnon idéal pour une vie au long cours) ou le Lièvre (son amant idéal). Bonheur assuré également avec le Cheval (très sécurisant pour lui). À éviter: le Dragon (ils ne viennent de la même planète), le Rat (beaucoup trop d'animosité naturelle) et la Chèvre (relations en dents de scie très épuisantes moralement et nerveusement).

Taureau/Cochon

Ses mots + : honnêteté (direct, sans malice, désintéressé), bonté (obligeant, loyal, indulgent), indépendance (autonome, volontaire, obstiné).
Ses mots -: crédulité (naïf, désarmé), inertie (paresseux, capitulard), obsession (soupçonneux, jaloux).
Ses affinités avec les autres signes: ses partenaires d'élection: la Chèvre (son amant idéal pour une nuit et plus), le Lièvre (son compagnon d'une vie) ou le Tigre (même s'il a tendance à profiter un peu de son côté bonne pâte). Prudence, en revanche, avec le Dragon ou un autre Cochon. À éviter: le Serpent (beaucoup trop agressif

pour sa sensibilité) et le Coq (trop instable à tous points de vue).

AMIS OU ENNEMIS?

Les couples qui doivent être privilégiés et ceux qui doivent être évités selon l'élément du signe.

Le Taureau « BOIS »
Sa passion: la colère
Son ami: « EAU »
Son ennemi: « MÉTAL »

Le Taureau « FEU »
Sa passion: la joie
Son ami: « BOIS »
Son ennemi: « EAU »

Le Taureau « TERRE »
Sa passion: la tranquillité
Son ami: « FEU »
Son ennemi: « BOIS »

Le Taureau « MÉTAL »
Sa passion: la tristesse
Son ami: « FEU »
Son ennemi: « TERRE »

Le Taureau « EAU »
Sa passion: la peur
Son ami: « MÉTAL »
Son ennemi: « TERRE »

LE TAUREAU AU TRAVAIL

SES POINTS FORTS

L'esprit d'équipe: il sait être consensuel, concilier les intérêts de tout le monde. La cohérence: il réfléchit avant d'agir à la portée de ses actes et à leurs conséquences pratiques. La persévérance : quand on lui fixe une tâche, une mission, un objectif, il fait ce qu'il faut pour y arriver.

SES POINTS FAIBLES

La difficulté à se remettre en question : il prend plutôt mal les suggestions que l'on peut lui faire pour augmenter sa productivité. Le manque d'adaptation : il a tendance à traîner des pieds en cas de changement d'environnement, de poste, de méthode ou de chef. La passivité : il est un peu trop suiviste et il ne prend pas assez d'initiatives dans son travail.

SES FILIÈRES

Les métiers de la terre (ingénieur agronome, paysagiste...), de la fonction publique (contrôleur des impôts, du trésor, des douanes), de l'administration (magistrat à la Cour des comptes, directeur de musée national...), de l'artisanat et de la déco.

CE QU'IL LUI FAUT POUR BIEN TRAVAILLER

Du calme (un bureau tranquille, silencieux, avec chaque chose à sa place) : s'il y a trop de bruit, d'agitation et de désordre, il est rapidement dépassé par les événements (et il angoisse beaucoup trop pour pas grand-chose).

CE QU'IL DOIT APPRENDRE

À démarrer plus vite pour gagner du temps : à agir, il aura le temps de réfléchir ensuite (et de corriger le tir si nécessaire). À ne pas s'entêter : quand ça bloque quelque part, passer à autre chose (tâche, idée, méthode…), il sera toujours temps de revenir en arrière. À s'adapter en cas de contretemps ou de changement au lieu de critiquer, d'accuser ou de regretter.

QUAND C'EST LUI LE CHEF…

Le patron Taureau : « un pragmatique ».

SES PLUS

C'est quelqu'un qui réfléchit. Il n'envoie jamais les autres à l'aventure : tout est cadré, ciblé, anticipé. Il ne fixe jamais des objectifs irréalistes et quand il fait une promesse, on peut être sûr (sauf catastrophe nucléaire) qu'il la tiendra.

SES MOINS

Il s'entête au-delà du raisonnable et il prend plutôt mal les suggestions quand elles ne cadrent pas avec son idée.

Souvent bloqué par ses émotions, il est un peu autiste parfois aussi, donc des risques de conflits larvés.

L'ASTUCE

Toujours utiliser avec lui des formulations hypothétiques : « Si pendant trois mois je continue à faire les mêmes résultats, on pourra envisager de revoir mon salaire ? », « Si Machin s'en va, ça vous semble possible que je le remplace ? » pour l'amener « en douceur » à sortir d'un *statu quo*.

CE QU'IL NE FAUT SURTOUT PAS FAIRE AVEC LUI

Le prendre de front, le mettre sous pression, par exemple en exigeant une réponse dans l'instant (ce sera toujours « non »). Il a besoin de temps pour assimiler, prévoir les conséquences de ses décisions.

LUI ET L'ARGENT

Le Taureau aime l'argent d'abord pour ce qu'il peut lui offrir (confort, plaisirs, luxe...). C'est son nerf du désir, le moteur de ses passions, le moyen de réaliser toutes ses envies. Et des désirs, des passions, il en a beaucoup ! Des petites, des grandes, des intenses… Hédoniste dans l'âme, il peut dépenser beaucoup pour lui et les personnes qu'il aime. Comme il a un certain talent pour gagner de l'argent, en général ses revenus sont d'ailleurs assez confortables et réguliers. En principe, il n'a pas de souci à se faire de ce côté-là. D'un autre côté, il a aussi souvent tendance à dépenser plus qu'il ne gagne. Du coup, il est plutôt anxieux avec l'argent : il a toujours peur d'en manquer, cela lui mine le moral. Finalement, il ne profite pas aussi bien de la vie qu'il pourrait le faire.

CE QU'IL DOIT FAIRE

Pour se sentir bien, il a besoin d'avoir des réserves devant lui, de savoir qu'il a les moyens. Il doit apprendre à capitaliser en mettant systématiquement de l'argent de côté (par exemple, 10 % de ses revenus).

LA FEMME TAUREAU

ICÔNES

Nicole Kidman, Penelope Cruz, Arielle Dombasle, Michelle Pfeiffer, Elsa, Cher, Lauren Bacall, Françoise Fabian, Anne Parillaud, Christine Ockrent, Véronique Sanson, Nicole Garcia, Arletty, Audrey Hepburn, Élisabeth II, Catherine II de Russie, Catherine de Médicis…

SA SENSIBILITÉ

Inquiète : facilement heurtée par la moindre dysharmonie, réactions généralement contenues, mais effets profonds, durables.

Féminité : voluptueuse (goût du confort, du décorum, du savoir-vivre, du lit, de la table).

Désirs : pulsionnels (mais souvent refoulés, contrôlés ou obsédants).

Zone érogène : le cou **Aphrodisiaque :** verveine

Couleur : vert clair
Métal : cuivre
Parfum : vétiver
Pierre : jade
Fleurs : tulipe, muguet
Villes : Florence, Séville

SA BEAUTÉ

SA SILHOUETTE

Plutôt de stature moyenne (au-dessous de 1,70 m), assez ramassée (mais la taille est bien marquée) avec des formes rondes (poitrine, hanches fortes) et une peau souvent blanche. Le visage est osseux, mais enveloppé, le cou souvent court et gros, les épaules fortes, le nez et la bouche larges. Le teint est clair et rosé, les lèvres plutôt pulpeuses, vermeilles. Les yeux sont noirs ainsi que la chevelure belle, épaisse, longue et ondoyante.

À NOTER

Les caractéristiques physiques d'un signe, la silhouette comme la morphologie, et en général tout ce qui touche au corps empruntent toujours beaucoup au signe ascendant, sont souvent un mélange.

SON POINT FORT

Sa plastique très plastique. Même quand elle a le corps un peu lourd (seins, fesses), très charpenté, elle garde une ossature fine, des membres et des attaches déliées, une souplesse des formes.

SON POINT FAIBLE

Ses yeux. Dés qu'elle manque de sommeil ou s'angoisse un peu trop pour un homme ou un boulot, ses paupières gonflent (et tombent), ses yeux se creusent et se cernent de bleuâtre.

SON « BEAUTY MYTH »

Laureen Bacall (née le 16 mai 1924). Elle a comme elle une beauté intemporelle, chaude sous une apparence réservée. Comme elle, elle peut être la femme d'un seul homme (après quelques aventures amoureuses, la Bacall s'accrocha à son Bogart de mari jusqu'à sa mort). Et comme elle, elle peut aussi durer, même quand elle ne joue plus les premiers rôles : Bacall hante toujours avec classe les plateaux ciné, par exemple dans *Dogville* de Lars von Triers où elle joue une vieille femme acariâtre.

SA FORME

SES BOBOS, SES MALADIES…

D'un tempérament allergique, elle fait souvent des rhinites (nez bouché, éternuements en rafales, toux sèche, yeux qui coulent…) à cause des acariens, des animaux domestiques, des pollens (début mai à fin juin), des moisissures (début de l'automne) ou de la pollution. Elle est aussi très sensible de la gorge, d'où des irritations (plus ou moins graves) et une vulnérabilité aux infections bactériennes et virales (grippe, rhumes non-allergiques). Fragile du nez et de la gorge, elle l'est aussi des oreilles (fréquentes démangeaisons et parfois otites à répétition). Bref, un vrai bonheur pour oto-rhinos.

SA DIÉTÉTIQUE, HYGIÈNE DE VIE

Elle adore manger (au moins trois repas complet par jour, les pieds sous la table), en prenant son temps, avec une nette prédilection pour des plats riches (terroir ou exotique lourds). En principe, ça passe bien, mais avec l'âge ou les soucis, elle stocke (les hanches, les fesses, les cuisses et le cou). Pour ne pas virer opulente, elle doit miser sur des aliments à forte valeur protéique mais pauvres en matières grasses (viandes et poissons maigres), sur les légumes et les fruits peu sucrés mais également être plus « physique » (au lieu de privilégier les activités et les loisirs statiques).

SON ASTRO GYNÉCO

Vivant sous le signe de Vénus, portée sur les plaisirs de la chair, elle est plus sujette que les autres aux MST[4]. Elle est trop spontanée, envahie par l'émotion du moment, pour penser à se protéger. Elle donne la priorité au désir : c'est souvent sans grandes conséquences (à part des déceptions et des crises de jalousie), mais parfois (et il suffit d'une fois), ça tourne mal (elle est contaminée ou elle tombe enceinte sans le vouloir).

SES BIORYTHMES

Chez elle, la mise en train étant toujours très lente, elle ne commence à fonctionner vraiment que trois ou quatre heures après son lever (elle atteint sa pleine forme à l'heure du déjeuner). Elle a d'abord besoin de prendre un bain (ou une douche très prolongée), un solide petit-déjeuner, son temps pour se préparer. Elle a en général

4 Statistiques IMWA/Université de Munich dans Gunter Sachs, *Le Dossier astrologie. La preuve scientifique qu'il existe un lien mesurable entre les signes du zodiaque et le comportement humain*, Michel Lafon, 2000.

un regain de forme le soir après dîner (de préférence vers vingt heures). Elle ne tient pas au-delà en l'absence de goûter.

SON PROFIL AMOUREUX

Très attachée à son père, elle sera plus tard la plus fidèle de tout le zodiaque, rivée à son foyer bien ordonné et ses principes.

Pas vraiment dissolue sexuellement, elle zappe souvent la phase « touche-pipi » de l'adolescence pour devenir très vite adulte et responsable.

Matérialiste, elle aime posséder, les choses comme les gens. En couple, elle peut virer autoritaire, étouffer tout ce qui bouge (nourricière et jalouse, possessive...) ou bien carrément routinière.

Conservatrice, bien assise sur son petit magot (l'argent lui donne l'impression de maîtriser sa vie), elle sait aussi se montrer généreuse (quoique rarement sans arrière-pensée).

Elle a un œil infaillible pour évaluer l'esthétique et la qualité des choses de ce monde (un mâle comme une robe dégriffée) ; bref, on ne la trompe pas sur la marchandise.

Elle adore être choyée; sentimentale, elle fond pour un bouquet de roses, mais elle aime aussi se vautrer dans le luxe (bijoux, fourrures...) et la volupté (massages, caresses...).
Elle couche rarement le premier soir et adore qu'on lui fasse une cour à l'ancienne (son côté rétro). Bref, les petites aventures furtives, ce n'est pas sa tasse de thé.
Pour elle, l'amour et le sexe sont intimement liés: plus son cœur s'enflamme, plus elle va loin dans la débauche.
Elle peut survivre à une période de *no-sex*, mais pas sans un minimum d'affection (s'endormir dans les bras d'un homme, chastement, peut la combler, faute de mieux).

SA PERSONNALITÉ

LA FEMME

Conservatrice: elle est *a priori* réfractaire à toutes les innovations de mœurs et de méthodes, plus ou moins hostiles à tout ce qui peut venir bousculer ses habitudes, son confort, son programme. Les petits changements l'horripilent, les grands la paniquent. Un « tiens » valant mieux que deux « tu l'auras », elle a tendance à investir dans les valeurs stables, à user de moyens qui ont fait leurs preuves; l'obstination, même si elle vire souvent à l'idée fixe, lui semble préférable à l'originalité. Persévérante, elle est très opiniâtre, constante dans ses efforts comme dans ses affections. Fondamentalement, elle est faite pour la monogamie.

LA MÈRE

Prodigue; elle est bâtie moralement et physiquement pour la reproduction, programmée pour la maternité. En général, ça ne traîne pas (elle fait souvent des bébés bien avant trente ans) et elle adore être enceinte, s'installer en mère de famille (avec un père de préférence, elle n'est pas taillée pour faire une mère-célibataire). Après (l'accouchement), elle est très attentionnée avec son rejeton, mais limite à s'angoisser pour tout et rien. Grosse affective, elle peut se montrer aussi très possessive et, parfois, un peu étouffante (genre *mamma* italienne ou mère juive).

L'AMANTE

Charnelle: griserie des émotions, volupté des sentiments, enivrement de tous les sens... Aimer pour elle, c'est d'abord goûter, palper, humer, voir, entendre. Elle ne fait pas grande différence entre soif de vivre et soif d'amour. Besoin vital, l'amour devient nourriture, satisfaction de tous les appétits terrestres et spirituels. Instinctive, sensuelle, elle a confiance en sa féminité et en sa séduction, mais elle se montre très sélective dans ses choix. Et patiente : avec elle, pas question qu'un homme brûle les étapes. Amoureuse, elle est dans le tout ou rien : pas de passions tièdes, de demi-mesures des sentiments. Quand elle se donne, elle s'abandonne ; son affectivité est pour le moins très envahissante ; ses relations souvent très possessives, très exclusives.

L'AMIE

Réfléchie : méfiante dans ses approches, elle n'aime pas les familiarités soudaines, les déclarations intempestives. Elle a besoin de temps pour accorder sa confiance. Quand c'est fait (elle ne s'engage jamais à la légère), elle se montre d'une fidélité à toute épreuve. Sensible et chaleureuse, elle est souvent plus conciliante qu'elle ne le paraît. Seul problème dans ses relations : elle accumule souvent les non-dits (pour ne pas faire de vagues) et, ça finit toujours par exploser un jour ou l'autre.

SON MODÈLE : JANE

Sensuelle mais trop cérémonieuse pour être vraiment sexy comme beaucoup de Taureau (en tout cas dans leurs jeunes années), Jane, c'est la fille qui jette son éducation (aristocratique) par-dessus les moulins pour suivre Tarzan, son grand singe blanc, au fin fond de la jungle. Gros choc culturel donc, mais pas folle la guêpe, car son bon sauvage est quand issu du même milieu qu'elle et elle a bien l'intention de le rééduquer à la civilisation. Bref, une fille qui se lâche, mais qui assure aussi ses arrières.

SON DESTIN

Rester une fille coincée (sexuellement, socialement) en étant victime de son éducation et être incapable de remises en question (mener une vie d'habitudes, d'idées toutes faites, paniquer en cas de changement). Résultat elle accumule les frustrations, les ressentiments, les rancunes et elle rumine les envies, les idées fixes, les obsessions. Ou, au contraire, comme Jane, elle s'émancipe de son milieu et renoue avec sa nature profonde (le plaisir la sensualité) et mène une existence plus libre (elle agit au lieu de réagir, elle s'exprime au lieu de refouler) et plus enrichissante humainement (et matériellement).

LES HOMMES DE SA VIE

LE PREMIER

Dès son adolescence, le Taureau se sent plutôt bien dans sa peau. Elle est une des rares femmes de la classe qui ne se trouble pas quand ses seins se développent et que les garçons commencent à le remarquer. En général, elle est sexuellement assez précoce et attirée par des garçons plus âgés qui ont plus d'expérience qu'elle. Curieuse de son propre corps, elle est facilement séduite et, quand elle découvre que les rapports sexuels sont agréables, elle peut parfois se laisser entraîner par ses « appétits ». Mais elle a aussi besoin d'être en confiance. Pour elle, faire l'amour avec un garçon va toujours au-delà de la simple relation physique : elle tombe amoureuse. Idéal pour perdre sa virginité : un Taureau qui saura être doux et prendre le temps de sa jouissance. Seconde option : un Capricorne. Plus dominateur, il peut l'initier à des plaisirs plus osés.

L'AMANT

Chez elle, le sexe et l'amour étant intimement liés, elle est très exigeante dans le choix de ses amants. Elle se sent plutôt attirée par les beaux hommes, c'est son côté Vénusien, qui ont comme elle de fortes pulsions sexuelles et qui savent s'y prendre. Avec un penchant pour les types « nature », car c'est une terrienne, mue par un désir animal sain, capable de la prendre avec vigueur (elle apprécie les rapports « en force »), mais aussi de tendresse chaleureuse. Bref, un vrai homme, car elle aime bien être dominée. Dans un lit, elle ne cherche pas la rivalité. Bons choix : un Cancer. Il affectionne autant qu'elle la sexualité orale. Un Poissons : elle aime les assauts sexuels lents et nonchalants. Ou une Vierge : une vraie mine à caresses. Autres possibilités, mais plus éphémères : un Lion. Très sécurisant, il la valorise. Ou un Verseau pour la sortir de sa routine.

L'AMI

Dans ses relations avec ses proches, elle donne beaucoup en affection, confiance, loyauté et elle en attend autant. Elle est particulièrement tolérante, mais elle réagit aussi de manière très susceptible et peut se montrer très critique quand ses intimes ne sont pas « fifty-fifty » avec elle. Sa mauvaise humeur se déchaîne quand elle découvre qu'on l'a trompée ou qu'elle a la preuve qu'on s'est servi d'elle. Dans ce cas, elle peut mettre des semaines, des mois voire des années pour s'en remettre… Quand elle y parvient, car elle est particulièrement rancunière. Dans ces conditions, elle peut bien s'entendre avec un Bélier (son enthousiasme pour deux la stimule), un Gémeaux qui décoince son côté un peu trop sérieux ou une Balance sensible comme elle au luxe et à la beauté des choses.

L'ÉPOUX

Lorsqu'elle se marie, elle se donne totalement cœur, corps et âme. C'est peut-être la plus monogame, rarement infidèle à moins d'une bonne raison. Stable intérieurement, elle n'en est pas moins souvent déchirée entre une sexualité forte et un profond désir d'être sécurisée matériellement et financièrement. Elle a besoin donc d'un homme qui soit à la fois sexe et tendre et qui se préoccupe de son avenir En même temps, il doit contrebalancer son côté possessif et matérialiste et l'aiguillonner subtilement pour l'encourager à se dépasser au plan mental. L'homme idéal : un Scorpion. Le meilleur rapport entre robuste bon sens sexuel, matériel et exigences spirituelles.

CELUI QUI NE L'AURA JAMAIS

Elle a besoin de sécurité, elle aime bien le luxe, le confort, mener une vie saine, faire des séjours fréquents dans la nature, plus campagne que mer ou montagne, manger bio, avoir une sexualité épanouie… Lui, un Sagittaire par exemple, aussi. Mais il a deux gros défauts rédhibitoires à ses yeux : il n'est pas « maison » et il n'a pas le sens de l'intimité. Quand il est là, il a toujours la tête ailleurs, il a tout le temps envie de partir alors qu'elle est très casanière. Pire : on disparaît dans son cône d'ombre quand on est proche de lui. Pour quelqu'un comme elle, qui a besoin d'attentions, d'égards permanents, c'est dramatique. Donc exclu, sauf erreur de jeunesse et/ou de casting.

SON HOMME IDÉAL

- Un solide. Elle a besoin que son homme la sécurise sur la longueur : sentiments et compte commun biens garnis. Pas question pour elle de s'embarquer sans biscuit avec un marin d'eau douce pour faire le tour du monde. De toute façon, elle déteste souvent la mer. Son genre, c'est plutôt gentleman-farmer avec du bien depuis plusieurs générations.
- Un patient qui ne s'énerve pas quand elle ne fait pas mine de comprendre tout de suite, car elle a besoin de temps pour assimiler, trouver les mots, ou quand elle passe trois heures dans la salle de bain pour se préparer.
- Un éléphant. Il doit se rappeler son anniversaire, l'anniversaire de sa première rencontre (dent

définitive, communion…), sa fête (plus Noël, Pâques, la fête des mères… « À moi, les cadôôôx »).

- Un sensuel. Elle aime trop son confort et manger trois fois par jour pour vivre avec un ascète qui se contente d'une planche à clou et d'un bol de riz les jours pairs. Et puis, rapport à sa relative boulimie sexuelle, il doit être capable de remettre le couvert plusieurs fois de suite.
- Un attentionné. Minimum : il doit avoir des bonnes manières (tenir la porte, servir le vin…), faire des compliments fréquents, (c'est indispensable pour restaurer son narcissisme) et des petits cadeaux souvent (que du beau et du raffiné). Mieux : il cuisine pour elle tous les soirs et lui fait découvrir tous les grands restaurants.
- Un couteau suisse. Un homme multifonctions : papa, amant, mari, banquier, ami, psy, cuisinier…
- Un casanier car elle a souvent la phobie des voyages et des changements. Pas question pour elle, en tout cas rarement, de s'unir avec un aventurier ou un accroc de la boîte de nuit.
- Un routinier qui rentre tous les soirs à la même heure, tôt pour préparer le dîner c'est encore mieux. Elle est trop possessive pour épouser un VRP (multiplication des risques de rencontres) ou l'imaginer traîner le

soir au bureau avec plein de « créatures » dans les couloirs.

♉

COMMENT RÉUSSIT-ELLE SA SEXUALITÉ ?

La Taureau a des pulsions sexuelles fortes de type passif (envie d'être prise) et boulimique (ce n'est jamais assez), mais refoulées et/ou contrôlées par le Surmoi (interdits parentaux, sociaux). Elle compense fréquemment sur la nourriture (elle fait la cuisine et savoure ses repas, elle adore aller au resto, etc.).

Un petit côté obsessionnel aussi : elle a besoin de tout contrôler en permanence : image, look, attitudes… (à l'extrême, c'est la petite poupée bien léchée, la fille retenue, sérieuse, bosseuse). Mais elle peut parfois aussi déraper dans un laisser-aller : la fille incapable de se maîtriser (hyper émotive, angoissée ou « je m'en foutiste »).

SON PROFIL PSYCHOSEXUEL

Romantique : pour elle, le sexe, c'est l'aboutissement naturel d'une histoire (elle a d'abord besoin d'être amoureuse ou en tout cas de le croire). Mais parfois aussi une affaire de peau : c'est tout de même une grande sensuelle. Elle n'imagine pas la vie sans la galipette, encore moins l'amour sans le désir, mais le sexe pour le sexe ce n'est pas sa *cup of tea*. Elle rêve mariage monogame, maison confortable, famille durable. Ses rapports avec les hommes sont plutôt méfiants dans un premier temps (peur de perdre le contrôle, de se faire avoir). D'où l'importance du décorum, des rituels (se présenter, faire sa cour, respecter les étapes…). Quand un homme lui plaît, elle envoie des signaux subtils. Pas question de se jeter à son cou et de la jouer racoleuse. Pas question non plus qu'il la prenne à l'abordage : Monsieur doit faire sa cour à l'ancienne, elle ne déteste pas, pour être admis. Réservée, elle passe rarement à l'acte le premier soir. Elle a besoin d'avoir déjà des habitudes, de se sentir en terrain connu (nombreux rendez-vous, compliments et petits cadeaux préalable). Puis, dès qu'il y attachement, ses rapports sont hyper exclusifs (avantage : elle est très fidèle) et possessifs (inconvénient : elle est un peu collante).

SA ZONE ÉROGÈNE

Le cou. On sait depuis toujours qu'il y a une communication directe entre la gorge et le sexe chez les femmes comme les hommes (la fameuse érection des pendus par exemple). Mais chez elle, c'est exacerbé : la caresser ou la saisir là l'excite au plus haut point.

SA ZONE « TABOU »

Le crâne. Elle déteste parfois qu'on lui touche la tête (hormis pour un shampoing ou une coupe). Ça l'hystérise complètement et ça peut la rendre violente en cas de maladresse.

SA SÉDUCTION

Enveloppante. Son charme et la charge érotique qu'elle dégage agissent à distance. Ce n'est pas le genre de fille à se jeter au cou d'un garçon : elle n'a pas besoin de ça, d'en rajouter dans la provoc pour séduire. L'embêtant, c'est quand elle ne se rend pas compte de l'effet qu'elle produit : elle attire les mecs et elle est surprise « Qu'est-ce qu'ils me veulent tous ? »

SA RELATION SEXUELLE IDÉALE

Dans la stabilité et la durée. Bien sûr, elle peut comme les autres femmes céder à une attirance soudaine, une envie irrésistible de caresses, mais elle ne s'épanouit sensuellement que dans une relation établie (elle a besoin de plus de temps que beaucoup d'autres pour se sentir à l'aise physiquement avec un homme) et régulière (elle ne peut se demander chaque fois si c'est la dernière fois).

SON HOMME FANTASME

Un viril (elle a des exigences physiquement), mais doux dans ses approches, qui la conforte : lui montre qu'il l'aime elle (pour ses formes et pour la vie), mais qu'il est aussi amoureux de l'amour autant qu'elle et le lui montre (elle a besoin de mots, de preuves tous les jours).

SES AMOURS AVEC LES AUTRES SIGNES

Plutôt lente à brancher, elle déteste être bousculée. On doit y mettre les formes. Elle a besoin de décorum pour se sentir en confiance, d'attentions tendres (un bon resto, par exemple) pour se laisser aller. Priorité aux apparences (chics), aux préliminaires (raffinés). Ensuite, grisée par ses sentiments, ses émotions, ses sensations, elle est capable de se donner à fond.

AVEC UN BÉLIER*

Il vient piaffer dans ses dessous, flairant l'occasion parfumée de plaisirs suaves. D'abord, elle trouve cela charmant plein de fraîcheur. Mais il n'a pas la patience de ses voluptés, le tempo de ses jouissances : elle reste sur sa fringale.

AVEC UN TAUREAU ****

Des caresses des regards aux frôlements des peaux, des effleurements des corps aux frémissements des chairs, un jour : « Enfin, nous y voila ! » Vient le temps des voluptés profondes, d'interminables jouissances et des questions quitte ou double : « Tu m'aimes, dis ? ».

AVEC UN GÉMEAUX **

Il vient butiner dans ses décolletés, ça l'affole un peu. Il la veut tellement, c'est irrésistible. Elle ouvre ses draps à ses caprices, la tête lui tourne, son corps l'abandonne. Lui aussi. Elle rêve d'une traversée du désir, mais il déserte.

AVEC UN CANCER ****

L'impression d'aborder enfin des rivages de lascivité. Elle a trouvé son sybarite, le maestro de ses fièvres. Il fait son Vendredi dans ses îles désertes, ses passages protégés. Corps qui s'alanguissent, intimités choyées, étreintes soyeuses, un vrai bonheur. Pirates, s'abstenir.

AVEC UN LION ***

Il n'a pas besoin de mise en scène grandiose du style Guerre du Golfe pour réveiller ses démons. Dans ses bras, elle se sent en perdition. Il est tellement hypercalorique qu'il liquéfie toutes ses inhibitions. De son côté, il a le cœur ignifuge. Il passe à travers tous les incendies du désir sans se brûler. Difficile à garder.

AVEC UNE VIERGE **

Un homme qui lui donne l'impression d'être là depuis toujours alors qu'elle l'a rencontré la veille, c'est tout l'un ou tout l'autre. Soit il la déficelle dans d'éblouissantes orgies (ne rêvons pas). Soit (c'est plus certain), il désamorce ses envies de débauche et l'entraîne vers des affections plus conjugales.

AVEC UNE BALANCE **

Une irrésistible invitation au voyage des sens. Il satisfait son souci de décorum. Tout cet accompagnement du désir dont elle a besoin pour s'épanouir charnellement, s'ouvrir à tous les plaisirs.

AVEC UN SCORPION ****

Elle redécouvre le sens du péché, les joies frissonnantes de la transgression. Il a un don pour rendre sulfureux les plaisirs et les gestes les plus naturels. L'occasion de faire sauter ses dernières inhibitions et d'explorer les champs interdits de ses désirs.

AVEC UN SAGITTAIRE *

Elle lui cède sur un coup de bluff, une petite lueur (impudique) dans son regard qui laisse soupçonner son aventurier à hauts risques sensuels. Au pied de ses murs de chair, sur ses ailes du désir, il se révèle bien piètre amant. À trop chercher l'exploit, la performance, il passe à côté de son essentiel.

AVEC UN CAPRICORNE ***

Ce macho-là ne résiste pas bien longtemps à ses manières de courtisane. Elle n'a nul besoin de lui faire la dans des sept voiles pour qu'il mette à nu son désir, ses talents à ses genoux. Il peut la surprendre (agréablement), lui faire connaître de troubles égarements.

AVEC UN VERSEAU ***

« La peau fiévreuse, la vie émue, le baiser électrique. » (Victor Hugo) D'abord, elle n'y croit pas vraiment. Ses délires sur le désir, ça la laisse froide. Elle aime le concret, les plaisirs tangibles. Mais quand il passe à l'acte elle découvre que même les anges ont parfois un sexe.

AVEC UN POISSONS ****

Elle est d'un naturel patient, mais lui vraiment n'en finit pas de jouer avec ses nerfs. Enfin, il se décide avec une oie héroïque et plonge dans ses courbes capiteuses. Là franchement, il l'étonne. Elle n'imaginait pas receler tant de plaisirs dans des endroits (et des envers) aussi inattendus.

SEXUALITÉS ALTERNATIVES

Chasteté (absence de rapports sexuels dans le célibat et/ou dans le couple)
Possible. Elle est faite pour la vie à deux, la jouissance, mais elle recherche la meilleure qualité en tout. Donc, elle reste souvent célibataire jusqu'à ce qu'elle trouve le Prince de ses rêves

Monogamie (relation ou vie de couple avec exclusivité sexuelle)
Elle est faite pour ça, par conviction, par goût, idéal esthétique et moral… Mais danger si échec total du partenaire en tant qu'amant, absence totale de sécurité financière ou sentiments constants de solitude.

Multi partenariat (célibat avec deux ou plusieurs relations sexuelles en simultané)
Ce n'est pas son genre. Chez elle, le sexe et l'amour sont intimement liés et elle ne se voit pas aimer deux hommes, ou plus, en même temps.

Union libre (relation ou vie de couple avec liberté sexuelle)
Pas question. Elle est très exclusive donc elle n'envisage même pas de partager son partenaire avec une autre femme, même si ça pourrait lui laisser des possibilités avec d'autres hommes.

Triolisme (relations sexuelles à trois)
Ce n'est pas pour elle. Elle est trop jalouse et possessive pour ça. Mais parfois elle peut éventuellement passer à l'acte avec une autre femme pour faire plaisir à son partenaire.
Échangisme (échange de partenaire avec un ou plusieurs autres couples)
A priori, ce n'est pas son truc. Mais possible si elle ne sent pas menacée affectivement et socialement et si elle se trouve dans un cadre romantique exceptionnel.
Homosexualité (rapports sexuels et/ou vie à deux avec une autre femme)
Des besoins sexuels forts mais, au lit, elle préfère la lenteur, la sensualité et l'érotisme... Toutes choses qu'une autre femme peut lui apporter mieux qu'un homme. Donc, parfois, une découverte.
Accessoires (gadgets et stimuli du désir)
Non. Elle est trop nature pour ça. Mais elle ne déteste pas s'alanguir dans des matières sensuelles comme les fourrures, les soieries, les plumes et les apports de nourriture: miel, Nutella, crème fraîche...

L'HOMME TAUREAU

ICÔNES

George Clooney, Michel Leeb, Jean-Paul Gaultier, Al Pacino, Daniel Day Lewis, Dave, Christian Clavier, Bono, Harvey Keitel, Patrick Bruel, Yannick Noah, Bruce Willis, Joe Cocker, Jean-Paul II, Dali, Charlie Chaplin, Freud, Karl Marx, Balzac, Brahms, Tchaïkovski, Shakespeare, Robespierre…

SON PROFIL PSYCHOLOGIQUE

Jouisseur : souvent ça ne se voit pas tout de suite (il n'est pas très bavard, il a l'air intello…), mais c'est un grand sensuel (prend plaisir à faire trois repas par jour tous les jours, a de gros besoin câlin et sexe, etc.). Deux profils : bien élevé, civilisé, c'est un épicurien (se fait plaisir, mais sait s'arrêter) ou gros bourrin (bâfre, s'empiffre, etc.).

Réfléchi : il ne s'engage jamais à la légère, il pèse toujours le pour et le contre, envisage toutes les éventualités, rumine un certain temps avant de se décider. Cette lenteur le dessert parfois parce qu'il rate à cause d'elle des opportunités favorables (il ne saisit pas sa chance, il est désarmé devant des situations d'urgence, etc.). Mais, dans l'ensemble, c'est plutôt bien.

Taciturne : manquant d'esprit de répartie, de sens de l'à-propos, ce n'est pas forcément un grand communicant. Du coup, il a parfois tendance à accumuler les non-dits et les ressentiments (et un jour, vous découvrez qu'il vous en veut beaucoup). Donc, il faut tout le temps l'encourager (l'obliger !) à parler, à vider son sac (ne pas se contenter de « tout va bien, merci »).

Conservateur : même quand il a l'air dans le coup, c'est un garçon plutôt réfractaire aux innovations. Il est épidermiquement hostile (il se braque, se ferme, met du temps pour s'acclimater, s'adapter) à tout ce qui vient bousculer ses habitudes, son confort, son programme. Les petits changements l'horripilent, les grands le paniquent. À l'extrême, ça vire à l'obsessionnel (s'obstine dans l'erreur, a des idées fixes, des œillères, etc.).

SES PLUS ET SES MOINS

SES QUALITÉS

Sa force de conviction : il sait prendre les autres (écouter, argumenter, vendre ses idées, remporter l'adhésion) pour les convaincre de penser et d'agir dans le sens voulu.

Sa convivialité : il fonctionne plutôt dans la bonne humeur, la confiance, même quand ce n'est pas un grand extraverti.

Sa persévérance : quand il s'est fixé une tâche, une mission, un objectif, il fait ce qu'il faut pour y arriver, il s'accroche jusqu'à preuve du contraire.

Son sens de la solidarité : il est capable d'être « supportif », de faire preuve d'esprit d'équipe même en l'absence d'intérêt personnel direct.

SES DÉFAUTS

Son manque d'adaptation : ses performances chutent en cas de changement d'environnement, de méthode ou d'interlocuteur.

Son inertie : il a tendance à traîner des pieds en cas de changement (de plan, de projet...) et il a du mal à se remettre en question (s'entête, accuse les autres...).

Sa susceptibilité : il se ferme ou se braque très vite quand il se sent (à tort ou à raison) attaqué (donc boude ou claque la porte en cas de scène).

♉

LUI ET LES FEMMES

SA MÈRE

Souvent une mère un peu abandonnique (pas assez là, pas assez tendre), qui avait d'autres chats à fouetter (sa beauté, sa carrière, son mari, ses amants...). Du coup, aujourd'hui, même quand il fait tout comme un adulte, il y a toujours du bébé en lui. Au fond, elle a coupé le cordon, mais pas lui. Résultat : il est beaucoup dans la demande affective. Ce qui (1) fait fuir beaucoup de femmes (il demande trop, trop vite). (2) le rend un peu collant (il a peur d'être quitté).

LES FEMMES QUI LUI PLAISENT (ATTRACTION)

Les grandes intellos : réfléchir, ça lui plait surtout s'il peut échanger sans polémiquer (les débats, ce n'est pas son truc). Les femmes qui prennent des initiatives : au fond, c'est souvent un timide, il a besoin qu'une fille fasse les premiers pas, le prenne sous son aile. Les femmes sérieuses

(sexuellement) : même quand il la joue très Don Juan (et rentre dedans), c'est un sentimental (il a besoin que ses relations amoureuses soient stables, durables).
Jouables : les femmes Cancer (mère poule), Poissons (câlines), Vierge (sécurisantes).

LES FEMMES QUI L'ENNUIENT (NEUTRALISATION)

Les grandes excitées : au fond, c'est un anxieux, il a besoin de calme pour récupérer, donc qu'on lui fiche la paix. Les grandes bavardes, spécialement les polémistes : il n'a pas la répartie facile (besoin de réfléchir avant de répondre) donc se sent un peu minable dans les jeux de l'esprit. Les femmes qui ont la bougeotte : il a besoin de fonctionner en terrain connu (lieux, gens...), il déteste quand c'est nouveau tout le temps. Exclues donc : les femmes Gémeaux (trop stressantes) et Bélier (trop fatigantes).

LES FEMMES QUI LUI FONT PEUR (RÉPULSION)

Les m'as-tu-vu : il est à la fois trop pudique et pas assez spontané pour assumer. Les allumeuses : affectivement, c'est un stable. Il déteste les femmes qui passent d'un lit à l'autre ou qui font même seulement mine de le faire. Les fofolles : c'est un garçon qui aime bien savoir où il va

(et y aller) donc pas question d'une fille qui a un grain et qui change sans cesse d'avis ou de direction. Les crades, les grossières et les vulgaires : sous des airs parfois bourrus, il a souvent un côté artiste (sensible à l'esthétique, à l'harmonie…).
Sur la sellette : les femmes Lion (trop *show off*), les Verseau (manque de sensualité et d'intimité), les Scorpion (trop casse-pieds).

LA FEMME QU'IL LUI FAUT (ÉLECTION)

Une sensuelle : il aime trop les plaisirs de la vie pour vivre avec une coincée qui enchaîne les régimes ou qui n'a envie de faire l'amour que tous les trente-six du mois. Une casanière (1) : il a parfois la phobie des voyages et des changements. Pas question pour lui de se maquer avec une aventurière ou une accro à la boîte de nuit. Une casanière (2) : il est trop possessif pour épouser une *working girl* qui traîne le soir au bureau (avec qui ?) ou qui s'éclate dans les séminaires ou les voyages d'affaires. Une patiente qui ne s'énerve pas quand il ne comprend pas tout de suite (il a besoin de temps pour assimiler, trouver les mots) ou quand il met trois plombes à se décider.
Bons choix : les femmes Capricorne, sérieuses comme lui, mais plus proactives.

SA SEXUALITÉ

IL EST COMME ÇA!

En apparence, plutôt flegmatique (passif?), pas du tout obsédé, mais en douce il fait une idée fixe sur votre gorge (profonde). Au fond, c'est un grand jouisseur, un voluptueux (avec une tendance très nette à l'oralité).

Ses + : il met des formes (il fait la conversation, invite à dîner...), prend le temps de vos plaisirs (attentionné, tendre...). Très affectueux.

Ses -: la lenteur. Long à démarrer (s'éternise en préliminaires), à conclure (épuisant si vous êtes du genre à faire court). Susceptible en plus, dans le genre possessif, collant...

SES PRÉFÉRENCES SEXUELLES

Grand hédoniste, pour lui le sexe, c'est le *best* de chez *best* du plaisir (comme manger, mais sans les risques d'indigestions). Mais avant de bâfrer, il a besoin d'un peu de formalisme (compliments, petits cadeaux, décorum, rituels...). Rouleur de mécaniques, pour lui le sexe, c'est d'abord des performances: il adore les préliminaires (dans le genre sophistiqué et oral). Après, il aime bien qu'une fille soit active (être dessous, la laisser faire) et se contenter de durer. C'est un puissant aussi (il remet le couvert sans se faire prier), mais il peut décevoir parfois. Ce n'est pas manque d'imagination, mais il est trop prude pour faire des propositions cochonnes, même s'il ne déteste pas se vautrer dans des matières sensuelles (canapés moelleux, draps de soie...) et les apports de nourriture (crème Chantilly, mousse au chocolat...).

COMMENT LUI FAIRE L'AMOUR?

Chez lui, le sexe n'est pas très spontané. Pas question de lui sauter dessus de but en blanc. Il doit être mis en condition ; il a besoin de préludes : dîners, discussions, petites attentions, tendresse... Au lit, c'est une question de repères. Il s'en tient à ce qu'il connait déjà. C'est difficile de lui faire tenter des expériences nouvelles. Il est plutôt stéréotypé dans ses comportements sexuels ; il n'aime pas spécialement les excentricités. Il lui faut du temps (privilégier les longs préliminaires) pour s'abandonner au plaisir. D'une sensualité un peu sèche, il peut être tendre (il a besoin de sentiment même si c'est juste sexuel), mais il n'est pas très démonstratif. Sans être forcément passif, il a une certaine inertie. Dans la danse sexuelle des corps, il ne se laisse pas mener facilement.

OÙ SONT LES RISQUES DE PANNE ?

Chez les Capricorne ? C'est ce que semble montrer une enquête réalisée par une clinique britannique spécialisée en ligne : les Capricorne auraient plus de risque que les autres signes de souffrir de dysfonctions érectiles. Enclins à plus d'anxiété, un premier échec va entraînerait un stress qui sera la cause d'un second échec, etc. À l'autre bout du tableau, le Sagittaire, un chaud lapin. Le classement complet (et décroissant ☺)

1. Capricorne (23 décembre-19 janvier)
2. Cancer (23 juin-23 juillet)
3. Taureau (21 avril-21 mai)
4. Vierge (24 août-23 septembre)
5. Gémeaux (22 mai-22 juin)
6. Balance (24 septembre-23 octobre)
7. Verseau (20 janvier -19 février)
8. Lion (24 juillet-23 août)
9. Bélier (21 mars-20 avril)
10. Poissons (20 février-20 mars)
11. Scorpion (24 octobre-22 novembre)
12. Sagittaire (23 novembre-22 décembre)

Source : Firstmed Consulting

LE FENG SHUI DE VOTRE COUPLE

Pour les Chinois, au-delà de la magie de la rencontre entre deux êtres, l'amour est d'abord une affaire de compatibilités® objectives calculées grâce à une puissante formule feng shui, longtemps restée secrète : le Pa Kua Lo Shu ou « chiffre kua » pour faire court. Quel est le vrai degré de compatibilité entre vous et lui ou elle ? Pour le savoir, vous devez confronter vos chiffres kua.

COMMENT CALCULER SON CHIFFRE KUA ?

Prenez l'année de naissance chinoise (voir page 80). Pour les Chinois, l'année commence toujours fin janvier ou début février. Si par exemple, une personne est née en janvier 1974, son année de naissance chinoise est 1973 et non 1974. Ensuite, additionnez les deux derniers chiffres de l'année de naissance et, si la somme dépasse neuf, faire le total. Par exemple, pour une naissance en 1973 : 7 + 3 = 10, 1 + 0 = 1.

Puis, si vous êtes une femme, ajoutez 5 pour obtenir le chiffre kua personnel. Exemple : 1 + 5 = 6.

Pour un homme, retranchez le chiffre de naissance de 10 pour obtenir votre chiffre kua. Par exemple, pour un homme né en 1965 : 6 + 5 = 11, 1 + 1 = 2, 10 – 2 = 8. Muni de ces deux chiffres kua, reportez-vous aux tableaux suivants pour connaître votre compatibilité de couple. Exemple, le chiffre kua 6 : il est compatible avec les hommes et les femmes 8, 7, 6, 2, 5. En revanche, il est incompatible avec les 1, 9, 4 et 3, hommes ou femmes. À noter : on peut aussi utiliser les chiffres kua pour déterminer son degré d'affinité avec ses amis ou son patron.

LES COUPLES COMPATIBLES

VOTRE CHIFFRE KUA	LE SIEN			
	SHENG CHI KUA	TIEN YI KUA	NIEN YEN KUA	FU WEI KUA
1	3	4	1	9
2	7	8 (et 5 femme)	2 (et 5 homme)	6
3	1	9	3	4
4	9	1	4	3

5	7 (et 6 femme)	8 (et 2 femme)	5	6 (et 7 femme)
6	8 (et 5 femme)	7	6	2 (et 5 homme)
7	2 (et 5 homme)	6	7	8 (et 5 femme)
8	6	2 (et 5 homme)	8 (et 5 femme)	7
9	4	3	9	I

Sheng Chi Kua ****

Compatibilité parfaite : non seulement votre partenaire est une source de bonheur sans cesse renouvelé, mais il vous apporte de surcroît une chance extraordinaire dans tous les domaines. Bref, il n'y a pas mieux pour s'épanouir à deux, prospérer et surmonter toutes les difficultés de l'existence.

Tien Yi Kua ***

Extrêmement compatible : un couple fait pour durer contre vents et marées. Et qui peut durer longtemps et en pleine santé parce que chacun veille au bien-être de l'autre. On sait d'ailleurs que grâce à ça l'espérance de vie est de quatre à cinq ans plus élevée dans ce genre de couple que dans les autres.

Nien Yen Kua **

Très compatible : une relation harmonieuse et heureuse. Le même désir – et la même volonté – de construire ensemble « quelque chose qui tienne », et souvent une infinie tendresse, une véritable attention à l'autre, un souci de son bien-être et de ses plaisirs. Bien sûr, vous pouvez avoir comme tout le monde vos petits (et gros) pépins de couple, mais vous ne songez pas à la séparation et au divorce chaque fois que cela ne va pas.

Fu Wei Kua *

Compatible : pas de doute, vous êtes bien assortis, votre couple est solide, fait pour durer ; en tout cas, vous pouvez aller très loin ensemble. Entre vous, peu de désaccords, ou si peu. En cas de problème, vous êtes capables de vous remettre en question, ou suffisamment intuitifs, pour faire le pas vers l'autre qui arrange tout. Chacun encourage l'autre et le soutient dans les mauvaises passes.

COMMENT BIEN ORIENTER SON LIT POUR PLUS D'AMOUR ?

Une bonne orientation du lit est essentielle pour bien dormir. Mais c'est aussi l'un des éléments les plus déterminants pour réussir une relation amoureuse, faire durer son couple même en cas d'incompatibilité. Couché, la tête doit être orientée vers sa « direction personnelle ». Si c'est impossible, il faut choisir l'une des trois autres directions qui sont favorables. Mais surtout éviter les directions négatives.

Voici les directions favorables en fonction de votre chiffre kua.

Chiffre kua	Groupe	Directions favorables
1, 3, 4, 9	Est	Est, nord, sud et sud-est
2, 5, 6, 7, 8	Ouest	Ouest, sud-ouest, nord-ouest, nord-est

Et la direction idéale de votre tête en fonction de votre chiffre kua.

Si le chiffre kua est…	Il faut avoir la tête au…
1	Sud
2	Nord-ouest
3	Sud-est
4	Est
5	Ouest (femme), Nord-ouest (homme)
6	Sud-ouest
7	Nord-est
8	Ouest
9	Nord

LES COUPLES INCOMPATIBLES

VOTRE CHIFFRE KUA	LE SIEN			
	HO HAI KUA	WU KWEI KUA	LUI SHA KUA	CHUEH MING KUA
I	6	2 (et 5 homme)	7	8 (et 5 femme)
2	9	I	3	4
3	8 (et 5 homme)	7	2 (et 5 homme)	6
4	7	8 (et 5 femme)	6	2 (et 5 homme)
5	9 (et 3 femme)	8 (homme) et 4 (femme)	3 (homme) et 9 (femme)	4 (homme) et I (femme)
6	I	9	4	3
7	4	3	I	9
8	3	4	9	I
9	2 (et 5 homme)	6	8 (et 5 femme)	7

Ho Hai Kua ⚡

Incompatible : bien sûr, ça peut marcher et même un bon moment, mais cette relation ne va pas sans heurts. Le partenaire peut être la cause de mésaventures et même si vous vivez depuis très longtemps ensemble, votre couple reste fragile. Plus cimenté par le poids des habitudes que par une réelle complicité.

Wu Kwei Kua ⚡⚡

Très incompatible : on l'appelle aussi la relation des « cinq spectres », c'est-à-dire tous les éléments extérieurs qui peuvent occasionner des problèmes dans un couple : la famille, les enfants, l'argent, les amis et les autres femmes (ou hommes). Avec le temps, les conflits devenant de plus en plus intenses, vous risquez, si vous n'y prenez garde, de vous éloigner insensiblement l'un de l'autre.

Lui Sha Kua ⚡⚡⚡

Extrêmement incompatible : les Chinois appellent cette relation celles des « six meurtres ». Autant dire que l'on peut s'y faire beaucoup de tort l'un l'autre, cela dans tous les domaines et causer (même quand on croit être habité de bonnes intentions) d'immenses chagrins. La séparation est vivement conseillée et, quand elle n'est pas possible, de continuer à cohabiter en menant des existences séparées et en évitant soigneusement les motifs de discorde.

CHUEH MING KUA ⚡⚡⚡⚡

Incompatibilité absolue (et irréversible) : pour les Chinois, c'est le pire : la mort au sens métaphorique sinon littéral du terme. La relation qui conduit à la ruine (réputation, santé, argent…) et à la destruction (dépression, suicide). Donc, *a priori* à fuir comme la peste et le choléra réunis. Mais heureusement, d'autres éléments, par exemple des affinités astrologiques, peuvent souvent venir contredire cette incompatibilité apparente.

LE PETIT DICO DE L'ASTRO

Affinités planétaires : en plus des affinités en fonction des saisons et des éléments, nous avons aussi des compatibilités secrètes, cachées. Celles-ci dépendent des planètes. Ce qui fait vraiment la différence, qu'on se sent mieux immédiatement avec certaines personnes qu'avec d'autres, c'est notre accord planétaire. Chacun de nous est en effet en résonance avec l'une des cinq grandes planètes proches du Soleil : Mercure, Vénus, Mars, Jupiter et Saturne. Nous ne vibrons pas de la même manière ni pour les mêmes signes selon la planète à laquelle nous sommes « intimement » liés dès notre naissance.

Votre signe	Votre planète	Les bons signes pour vous
Bélier	Mars	Lion, Scorpion, Capricorne
Taureau	Vénus	Cancer, Balance, Poissons
Gémeaux	Mercure	Capricorne, Vierge, Lion
Cancer	Lune	Taureau, Balance, Verseau
Lion	Soleil	Bélier, Scorpion, Capricorne
Vierge	Mercure	Capricorne, Gémeaux, Lion
Balance	Vénus	Cancer, Taureau, Poissons
Scorpion	Mars	Bélier, Lion, Capricorne
Sagittaire	Jupiter	Poissons, Lion, Cancer
Capricorne	Saturne	Verseau, Vierge, Balance
Verseau	Saturne	Capricorne, Vierge, Balance
Poissons	Jupiter	Lion, Cancer, Sagittaire

Air: élément attribué au Gémeaux, à la Balance et au Verseau. Au positif, l'air présume une certaine vivacité mentale: les préoccupations, les intérêts sont très diversifiés. Au négatif, l'air suppose une certaine instabilité: les intérêts sont dispersés, les actes manquent de suivi.

Ascendant: c'est le degré exact du zodiaque où le cercle de l'horizon coupe celui de l'écliptique. Il correspond à la pointe de la Maison I. C'est le lieu du lever du soleil un jour donné.

Aspect: un aspect est une relation entre deux planètes d'un thème astrologique. Il se définit comme une relation géométrique entre deux points par rapport à un troisième. Les aspects tissent un réseau de communication entre les planètes inscrites dans les signes et dans les Maisons. Il y a sept principaux aspects: la conjonction, le semi-sextile, le sextile, le carré, le trigone, le quintile et l'opposition. Chacun a des effets particuliers sur les planètes concernées:

- Conjonction: les contradictions, les relations ambivalentes;
- Semi-sextile: les non-relations, l'indifférence;
- Sextile: les facilités, les relations favorables;
- Carré: les antagonismes, les relations conflictuelles;
- Quintile: les frictions positives ou négatives;
- Trigone: les opportunités, les relations bénéfiques;
- Opposition: les tensions, les relations bloquées.

Balance: du 23 septembre au 22 octobre environ. La Balance est le septième signe du zodiaque.
Genre: masculin. Rythme: cardinal. Élément: Air.
Mots-clefs: sentir, aimer, apprécier, séduire.

Bélier: du 21 mars au 20 avril environ. Le Bélier est le premier signe du zodiaque.
Genre: masculin. Rythme: cardinal. Élément: Feu.
Mots-clefs: exister, animer, découvrir, conquérir.

Cancer: du 22 juin au 22 juillet environ. Le Cancer est le quatrième signe du zodiaque.

Genre: féminin. Rythme: cardinal. Élément: Eau.
Mots-clefs: imaginer, ressentir, formuler, créer.

Capricorne: du 22 décembre au 20 janvier environ. Le Capricorne est le dixième signe du zodiaque.
Genre: féminin. Rythme: cardinal. Élément: Terre.
Mots-clefs: satisfaire, sélectionner, organiser, décider.

Cardinal: ce mot désigne toujours un signe qui représente le début d'une saison. Il y a quatre signes cardinaux dans le zodiaque: le Bélier, le Cancer, la Balance et le Capricorne, correspondant respectivement au début du printemps, de l'été, de l'automne et de l'hiver. Les signes cardinaux se caractérisent en termes d'énergie, d'impulsivité, de mobilité. Ce sont des épicuriens.

Carré: le carré est un aspect entre deux ou plusieurs planètes situées dans deux lignes séparées par deux autres signes. Il produit des effets conflictuels entre les planètes concernées qui se manifestent par des accidents ou des crises dans l'environnement ou l'entourage.

Carte du ciel: une carte du ciel, par exemple un thème de naissance, est une représentation du ciel à un moment précis pour un lieu donné. C'est un système symbolique qui, comme tous les systèmes, est formé par quatre composants:

- Une limite : le zodiaque et les signes, comme les frontières d'un pays ou du corps ;
- Des éléments : les planètes, comme les villes d'un pays ou les parties du corps ;
- Des mémoires : les Maisons, comme les quartiers d'une ville ou les organes du corps ;
- Un réseau de communication : les Aspects, comme les rues d'une ville ou les canaux corporels.

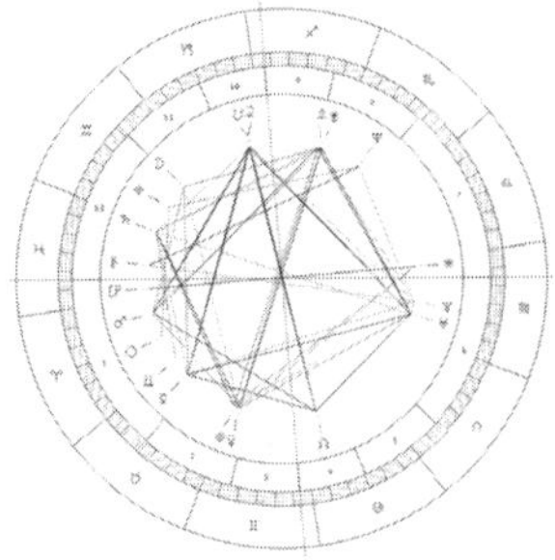

Conjonction : la conjonction est un aspect entre deux ou plusieurs planètes dans un même signe ; elle est favorable ou problématique selon la nature des planètes et du signe concernés.

Constellation : groupe d'étoiles fixes sans liens réels sinon apparents. Chaque constellation désignant une direction précise, elle servait autrefois de guide aux marins des mers méditerranéennes.

Compatibilités des signes : on a tous constaté qu'on s'entendait mieux avec certains signes qu'avec d'autres. C'est lié au fait que chaque signe solaire (votre signe de naissance) représente une certaine manière de voir le monde et que nos visions du monde sont plus ou moins proches, plus ou moins différentes. Notre signe ascendant joue aussi un rôle important dans nos relations dans la mesure où il représente une certaine manière de ressentir les choses. Quand on a des ascendants qui « collent », on a une sensibilité commune. Nos relations, nos amitiés, nos amours comme nos inimitiés, dépendent ainsi pour beaucoup des signes du zodiaque : il y a des associations idéales. Cependant, il est faux de croire que certains signes sont faits pour s'entendre et d'autres pour se détester. Les relations entre les signes, comme celles entre les êtres humains, sont infiniment complexes. Comment décoder les affinités entre les signes ? Trois clefs : les saisons, les éléments et les planètes.

Degré : la plus petite unité du cercle et du zodiaque. La division du cercle par 360 n'est pas arbitraire. Le chiffre est en réalité la moyenne entre la durée de l'année solaire (365 jours) et la durée de l'année lunaire (355 jours).

Eau : élément attribué au Cancer, au Scorpion et au Poissons. Au positif, l'eau figure la sensibilité, l'imagination, la réceptivité. Au négatif, elle suppose des fantasmes, une certaine passivité.

Écliptique : le Soleil semble tourner autour de la Terre. En se déplaçant, il décrit sur la sphère céleste, une ligne imaginaire : l'écliptique. Le zodiaque correspond à une frange étroite qui s'étend de part et d'autre de l'écliptique. Toutes les planètes du système solaire semblent se mouvoir sur cette frange quand on les observe depuis la Terre.

Élément : dans le zodiaque, les signes sont distribués par élément : le Feu pour le Bélier, le Lion et le Sagittaire ; la Terre pour le Taureau, la Vierge et le Capricorne ; l'Air, pour le Gémeaux, la Balance et le Verseau ; l'Eau pour le Cancer, le Scorpion, et le Poissons. À l'origine, chaque élément se rapportait à un couple de qualités sensibles : le chaud et le sec pour le Feu ; le froid et le sec pour la Terre ; le chaud et l'humide pour l'Air ; le froid et l'humide pour l'Eau. Dans le zodiaque, chaque élément a pour opposé son complémentaire : les signes de Feu (Bélier, Lion, Sagittaire) sont plus ou moins « amis » avec les signes d'Air (Balance, Verseau, Gémeaux) et les signes de Terre (Taureau, Vierge, Capricorne) avec les signes d'Eau (Cancer, Scorpion, Poissons). Chaque élément est aussi encadré par deux autres avec lesquels il est plus ou moins « ennemi »: à sa gauche, l'élément qui le menace, à sa droite celui qu'il menace. Par exemple, le Feu du Bélier est menacé par l'Eau du Poissons et menace la Terre du Taureau ou la Terre du Capricorne est menacée par le Feu du Sagittaire et menace l'Air du Verseau.

Féminin: signes féminins et masculins alternent dans le zodiaque comme alternent le pair et l'impair dans les chiffres. Sont féminins: le Taureau et le Cancer, la Vierge et le Scorpion, le Capricorne et le Poissons. Ils se caractérisent en termes de puissance, de virtualité, de réceptivité.

Feu: élément caractéristique du Bélier, du Lion et du Sagittaire. Au positif, le Feu présume le courage, la volonté, l'enthousiasme. Au négatif, il suppose l'impulsivité, la violence, un caractère velléitaire.

Fixe: ce mot désigne toujours un signe de milieu de saison. Il y a quatre signes fixes: le Taureau, le Lion, le Scorpion et le Verseau correspondant respectivement au milieu du printemps, de l'été, de l'automne et de l'hiver. Les signes fixes se caractérisent en termes de force, de constance et d'absolu. Ce sont des stoïques.

Gémeaux: du 21 mai au 21 juin. Le Gémeaux est le troisième signe du zodiaque.

Genre : masculin. Rythme : mutable. Élément : Air.
Mots-clefs : penser, observer, réfléchir, communiquer.

Horoscope : c'est en réalité le point de l'écliptique visible à l'horizon à l'instant précis d'une naissance. Aujourd'hui le mot désigne plus souvent un pronostic signe par signe.

Jour : le nom des jours de la semaine est une invention des Chaldéens. Ils ont attribué à chaque jour la « qualité » des astres qu'ils avaient découverts dans le ciel. Dimanche est le Soleil, l'esprit ; lundi, la Lune, le corps ; mardi, Mars, le courage ; mercredi, Mercure, la parole ; jeudi, Jupiter, la patience ; vendredi, Vénus, la beauté ; samedi, Saturne, la persévérance.

Jupiter : ordre, justice, spiritualité... Jupiter est associé à l'élément Feu, au Sagittaire (son signe), au Cancer et au Poissons.
Attributs : masculin, positif, chaud et sec.
Symbolise : la loi, la prospérité, la morale (philosophique, religieuse...), les voyages, les grandes entreprises.

Latitude-longitude : coordonnées terrestres indispensables pour le calcul des Maisons. Elles permettent de localiser chaque lieu d'observation d'une manière précise.

Lion : du 23 juillet au 23 août environ. Le Lion est le cinquième signe du zodiaque.

Genre : masculin. Rythme : fixe. Élément : Eau.
Mots-clefs : percevoir, regarder, comprendre, jouer.

Lune : réceptivité, imaginaire, impermanence… La Lune est associée à l'élément Eau, au Cancer (son signe) et au Taureau.
Attributs : féminin, obscur, froid et humide.
Symbolise : la féminité, la sensibilité, le désir.

Lune Noire : la Lune Noire est un point astronomique (le second foyer de l'ellipse lunaire) à lent déplacement, elle effectue un tour du zodiaque en huit ans et dix mois environ. Dans un thème astral, elle symbolise l'interdit. C'est à elle que l'on doit nos blocages physiques (timidité, frustrations), sexuels (peurs, dégoûts) et mentaux (peur de l'échec, de souffrir).

Maison : les Maisons sont aux signes ce que la terre est au ciel. Il y a douze Maisons comme il y a douze signes, mais à la différence des signes qui sont égaux (30° chacun, voir *Signe*), les Maisons ont des dimensions différentes car leur calcul dépend du lieu et de l'heure de l'observation depuis la Terre. Chaque maison représente un domaine de l'existence individuelle :

- Maison I (Ascendant) : le corps, l'image du moi ;
- Maison II : l'argent gagné, les biens matériels ;

- Maison III : les échanges matériels et intellectuels dans l'environnement immédiat ;
- Maison IV : le milieu familial présent, futur ;
- Maison V : l'amour, les créations ;
- Maison VI : le travail, la santé ;
- Maison VII : le couple, l'image de l'autre ;
- Maison VIII : les changements et les crises ;
- Maison IX : la propriété, les voyages ;
- Maison X (milieu du Ciel) : le social, la carrière ;
- Maison XI : l'amitié, le relationnel ;
- Maison XII : les épreuves de la vie.

Mars : action, énergie, force, mouvement… Mars est associé à l'élément Feu, au Bélier (son signe), ainsi qu'au Scorpion et au Capricorne.
Attributs : masculin, positif, chaud et sec.
Symbolise : la lutte pour la vie, la virilité, la passion, le désir, la conquête, la violence, les ennemis déclarés.

Masculin : sont masculins le Bélier, le Gémeaux, le Lion et la Balance, le Sagittaire et le Verseau. Ils se caractérisent en termes de dynamisme, d'action, d'efficacité.

Mercure : intelligence, mobilité, adaptation (Gémeaux), raison, intérêt, pragmatisme (Vierge)… Mercure est associé à l'élément Terre.
Attributs : masculin, positif, tempéré et sec (Gémeaux), féminin, négatif, tempéré et sec (Vierge).

Symbolise : la dualité, la curiosité, le travail intellectuel, les échanges (communication, commerce), les déplacements (Gémeaux) ; le travail, la santé, le commerce (distribution, marketing, publicité), les animaux domestiques (Vierge).

Mutable : le mot désigne toujours un signe qui clôt une saison. Il y a quatre signes mutables doubles : le Gémeaux et la Vierge, le Sagittaire et le Poissons correspondant respectivement à la fin du printemps et de l'été, de l'automne et de l'hiver. Ils se caractérisent en termes d'adaptation et de changement, d'information, d'ambivalence.

Neptune : foi, mysticisme, inspiration… Neptune est associé à l'élément Eau, au Poissons (son signe) et au Lion.
Attributs : féminin, négatif, froid et humide.
Symbolise : la mer, l'océan, l'irrationnel, le génie, le chaos, les grandes mutations, les drogues, les épidémies.

Opposition : c'est un aspect entre deux ou plusieurs planètes situées dans deux signes séparés par cinq autres signes. Elle présume toujours une contradiction essentielle, une situation conflictuelle, plus ou moins larvée. Elle est souvent source de problèmes chroniques, d'événements récurrents.

Planète : dans l'astropsychologie, les planètes sont affectées de valeurs symboliques. Ces valeurs font sens en fonction des signes et des Maisons où elles se situent à un moment donné. Voici ces principales valeurs:

- Soleil: la raison, la sagesse;
- Lune: la sensibilité, la féminité, le désir;
- Mercure: les échanges, les relations;
- Vénus: l'amour, le plaisir;
- Mars: l'énergie, l'action, l'agressivité;
- Jupiter: la chance, le bonheur, la prospérité;
- Saturne: les contraintes, les frustrations;
- Uranus: la nouveauté, les changements;
- Neptune: les croyances, la foi;
- Pluton: les pulsions, les crises.

Pluton: côté obscur de la force, intériorité, impartialité… Pluton est associé à l'élément Eau, au Scorpion (son signe) et au Sagittaire.
Attributs: féminin, négatif, froid et humide.
Symbolise: l'instinct, les pulsions, la sexualité, la mort, l'autodestruction, le mystère, le caché, le souterrain.

Poissons: du 20 février au 20 mars environ. Le Poissons est le douzième signe du zodiaque.
Genre: féminin. Rythme: mutable. Élément: Eau.
Mots-clefs: éprouver, subir, douter, sacrifier.

Queue du Dragon: voir *Tête du Dragon*.

Sagittaire : du 23 novembre au 21 décembre environ. Le Sagittaire est le neuvième signe du zodiaque.
Genre : masculin. Rythme : mutable. Élément : Feu.
Mots-clefs : appréhender, vouloir, apprendre, projeter.

Saison : dans le zodiaque, les signes sont d'abord regroupés par saison ; à chaque saison correspond un certain type de caractère. Les signes de printemps et d'été (Bélier, Taureau, Gémeaux, Cancer, Lion, Vierge) sont, par exemple, plus tournés sur le monde extérieur. Ils privilégient en général les faits, les réalités objectives. Ils ont tendance à extérioriser plus ou moins leurs réactions. Ils sont plus orientés dans le sens d'une adaptation à l'environnement. En revanche, les signes d'automne et d'hiver (Balance, Scorpion, Sagittaire, Capricorne, Verseau, Poissons) donnent plutôt la priorité aux réalités subjectives, aux valeurs. Ils ont tendance à intérioriser plus ou moins leurs réactions. Ils cherchent plus à s'émanciper de l'environnement. Les signes de printemps et d'hiver se caractérisent aussi en termes d'excitation (vivacité, mobilité, suractivité, instabilité...). Tandis que ceux d'été et d'automne sont plus « inhibés » (indolence, inertie, sous activité, stabilité...).
Chaque saison comporte trois signes et ces signes ont des réactions communes qui peuvent les rapprocher. D'un caractère vif, plutôt joyeux, mais néanmoins un peu susceptible, les signes de printemps (Bélier, Taureau,

Gémeaux) s'entendent bien entre eux. De même, les signes d'été (Cancer, Lion, Vierge) tout aussi passionnés, mais plus retenus dans leurs démonstrations. D'un autre côté, les signes d'automne (Balance, Scorpion, Sagittaire), plus intériorisés et plus calmes, ont aussi des affinités naturelles. Comme en ont aussi les signes d'hiver (Capricorne, Verseau, Poissons) beaucoup plus introvertis.

Saturne : rigueur, solidité, fiabilité... Saturne est associé à l'élément Terre, au Capricorne (son signe), au Verseau et à la Balance.
Attributs : féminin, négatif, froid et sec.
Symbolise : la durée, les épreuves, la solitude, le devoir, l'ambition, l'effort, les montagnes et les sommets.

Scorpion : du 23 octobre au 22 novembre, le Scorpion est le huitième signe du zodiaque.
Genre : féminin. Rythme : fixe. Élément : Eau.
Mots-clefs : transformer, concevoir, désirer, abstraire.

Soleil : amour, gloire et beauté... Le Soleil est associé à l'élément Feu, au signe du Lion (son signe) et du Bélier.
Attributs : masculin, positif, chaud et sec.
Symbolise : l'ego, l'autorité, la vitalité, la créativité, le succès.

Signe : la Terre accomplit dans le ciel deux mouvements : elle tourne autour du Soleil en un an de temps sidéral et elle tourne sur elle-même en vingt-quatre heures. La première rotation définit la succession des saisons et les douze signes du zodiaque. Cette division du zodiaque en douze signes de 30° ne doit d'ailleurs rien au hasard. Le chiffre douze, c'est ce qu'on obtient quand on divise la durée de la révolution de la Terre autour du Soleil (365,2 jours) par celle de la Lune (29,5 jours). La seconde rotation détermine de son côté les Maisons astrologiques. Dans un thème astrologique, l'articulation des signes et des Maisons représente ainsi l'intégration d'un cycle annuel et quotidien

Taureau : du 21 avril au 20 mai. Le Taureau est le deuxième signe du zodiaque.
Genre : féminin. Rythme : fixe. Élément : Terre.
Mots-clefs : réfléchir, informer, mémoriser, concrétiser.

Terre : élément caractéristique du Taureau, de la Vierge et du Capricorne. Au positif, la Terre se traduit par la stabilité, le pragmatisme. Au négatif, elle suppose une certaine rigidité, un isolement.

Tête du Dragon : la Tête et la Queue du Dragon sont les deux pôles de l'axe astronomique formé par l'intersection des ellipses solaires et lunaire. Ils jouent un rôle essentiel dans l'astrologie indienne (voir « Sa vie d'avant, sa vie d'après »).

Thème astrologique : voir *Carte du ciel.*

Trigone: le trigone est un aspect entre deux ou plusieurs planètes situées dans deux signés séparés par trois autres signes; il est considéré comme très positif et se traduit généralement par des événements, petits et grands, profitables.

Uranus: progrès, technologie, interactivité... Uranus est associé à l'élément Air, au Verseau (son signe) et au Scorpion.
Attributs: masculin, positif, froid et sec.
Symbolise: l'altruisme, l'électricité, l'aviation, la conquête spatiale, la liberté, les découvertes, le futur.

Vénus: sensualité, intériorisation, volonté (Taureau), élégance, harmonie, équilibre (Balance)... Vénus est associée à l'élément Air et, également, au signe du Poissons.
Attributs: féminin, négatif, humide, tempéré (Taureau), masculin, positif, chaud et humide (Balance).
Symbolise: les beautés de la nature, les plaines, les champs, l'art, le plaisir, l'amour, tout ce qui est doux et agréable (Taureau); le couple, les unions (pacs, mariage...) et associations, la diplomatie, la culture, les plaisirs, la fête (Balance).

Verseau: du 21 janvier au 19 février. Le Verseau est le onzième signe du zodiaque.

Genre : masculin. Rythme : fixe. Élément Air.
Mots-clefs : connaître, coopérer, diversifier, innover.

Vierge : du 24 août au 22 septembre. La Vierge est le sixième signe du zodiaque.
Genre : féminin. Rythme : mutable. Élément : Terre.
Mots-clefs : expérimenter, observer, analyser, critiquer.

Zodiaque : le zodiaque tel qu'on le connaît et utilise aujourd'hui est une invention des Babyloniens, ou Chaldéens, une civilisation établie en Mésopotamie, l'actuelle Irak, il y a plus de quatre mille ans. Les Chaldéens connaissaient parfaitement les mouvements du Soleil, de la Lune et des cinq planètes les plus proches de la Terre : Mercure, Vénus, Mars, Jupiter et Saturne. Ce sont eux qui ont divisé le zodiaque en douze parties égales. Eux aussi qui ont divisé le cercle en 360 degrés, le degré en 60 minutes et la minute en 60 secondes.
Cette division du cercle par trois cent soixante est loin d'être arbitraire. C'est ce que l'on obtient quand on ajoute la durée de l'année solaire (365 jours) à celle de l'année lunaire (355 jours) et qu'on divise par deux.

DÉCOUVREZ LES PETITS LIVRES DES DOUZE SIGNES ASTROLOGIQUES

DÉCOUVREZ LES PETITS LIVRES DES DOUZE SIGNES ASTROLOGIQUES